# Depressão doença da alma

## as causas espirituais da depressão

Solicite nosso catálogo completo, com mais de 500 títulos, onde você encontra as melhores opções do bom livro espírita: literatura infantojuvenil, contos, obras biográficas e de autoajuda, mensagens espirituais, romances, estudos doutrinários, obras básicas de Allan Kardec, e mais os esclarecedores cursos e estudos para aplicação no centro espírita – iniciação, mediunidade, reuniões mediúnicas, oratória, desobsessão, fluidos e passes.

E caso não encontre os nossos livros na livraria de sua preferência, solicite o endereço de nosso distribuidor mais próximo de você.

*Edição e distribuição*

**EDITORA EME**
Avenida Brigadeiro Faria Lima, 1080 – Vila Fátima
CEP 13369-040 – Capivari-SP
Telefones: (19) 3491-7000 | 3491-5449
Vivo (19) 9 9983-2575 ⊙ | Claro (19) 9 9317-2800
vendas@editoraeme.com.br – www.editoraeme.com.br

@editoraeme   f /editoraeme   ▶ editoraemeoficial   🐦 @EditoraEme

# Francisco Cajazeiras

# Depressão doença da alma

## as causas espirituais da depressão

**Dedicatória:**
*"A Allan Kardec, mestre seguro e
Espírito admirável, eternamente grato
e reconhecido, dedico esta singela obra,
por ocasião do Sesquicentenário
de* **O Livro dos Espíritos.***"*

Capivari-SP
— 2023 —

© 2007 Francisco Cajazeiras

Os direitos autorais desta obra são de exclusividade do autor.

A Editora EME mantém o Centro Espírita "Mensagem de Esperança" e patrocina, junto com outras empresas, instituições de atendimento social de Capivari-SP.

15ª reimpressão – dezembro/2023 – de 28.001 ao 29.500 exemplares

CAPA E PROJETO GRÁFICO | André Stenico
REVISÃO | Rubens Toledo

Ficha catalográfica

Cajazeiras, Francisco, 1954-2020
    Depressão – Doença da alma – As causas espirituais da depressão / Francisco Cajazeiras. – 15ª reimp. dez. 2023 – Capivari, SP: Editora EME.

    208 p.

    1ª edição : abr. 2007
    ISBN 978-85-7353-350-7

1. Depressão – Doença da alma. 2. As causas espirituais da depressão.

CDD 133.9

# Sumário

Introdução ..................................................... 08

**I. Depressão (Conceito e preconceitos)** ............. 14
   1. Depressão e estados afetivos ....................... 20
   2. Conceito e preconceitos ............................. 22

**II. Aspectos científicos** ................................ 26
   *1. Pandemia depressiva* .............................. 29
   *2. Causas e concausas* ................................ 31
      2.1 – Hipóteses biológicas ........................ 31
      2.2 – Hipóteses psicológicas ..................... 38
      2.3 – Hipóteses socioculturais ................... 41
      2.4 – Origem mista ................................. 45
   *3. Diagnóstico – Quando pensar*
     *em doença depressiva* ............................. 45
      3.1 – Quadro clínico ............................... 45
      3.2 – Situações clínicas especiais ............... 51
   *4. Diferentes apresentações* ........................ 54
      4.1 – Episódios depressivos ..................... 54
      4.2 – Transtorno depressivo recorrente ...... 56
      4.3 – Transtorno afetivo bipolar ............... 57
      4.4 – Transtorno persistente do humor ...... 58
   *5. Depressões atípicas* .............................. 60
      5.1 – Ansiedade e depressão ................... 60
      5.2 – Depressão e transtornos somáticos ...... 61

6. *Depressão nas doenças e doença depressiva* .......... 62
   6.1 – Depressão e cardiopatias ........................... 63
   6.2 – Depressão e AVC ................................... 64
   6.3 – Depressão e diabetes mellitus ................. 64
   6.4 – Depressão e câncer ............................... 65
   6.5 – Outras doenças ...................................... 67

## III. Conflitos familiares e cotidiano ........................... 70
   1. *A família e o Espírito* ................................. 73
   2. *Depressão, eventos e família* ..................... 76
     2.1 – Demissões e desempregos .................. 76
     2.2 – Aposentadorias ................................. 78
   3. *Depressão e desarmonias conjugais* .................. 79
     3.1 – Violência física ................................. 80
     3.2 – Violência psicológica ......................... 82
     3.3 – Infidelidade ..................................... 83
     3.4 – Separação conjugal ........................... 84
   4. *Conflitos entre pais e filhos* ...................... 86
     4.1 – Violência física ................................. 86
     4.2 – Agressão ou abuso sexual ..................... 87
     4.3 – Violência psicológica ......................... 88
     4.4 – Negligência ..................................... 90

## IV. Causas espirituais da depressão ........................... 94
   1. *Herança: biológica x espiritual* ................... 99
   2. *Fatores endógenos* ................................. 102
     2.1 – Imaturidade anímica ......................... 103
     2.2 – Sentimentos negativos. ..................... 104
     2.3 – Comportamentos equivocados .............. 107
     2.4 – Descompromisso e invigilância .............. 114
     2.5 – Distanciamento da missão ..................... 116
     2.6 – Ecos reencarnatórios. ..................... 117
   3. *Fatores exógenos* ................................. 119

3.1 – Contaminação fluídica ............................ 120
3.2 – Assédio espiritual ................................... 125
3.3 – Vampirismo ........................................... 128
3.4 – Obsessão ............................................... 129

**V. Autoestima e saúde** ............................................ 138

**VI. Doença depressiva ou obsessão espiritual?** ..... 148
1. *Doença mental x obsessão espiritual.* ................. 151
2. *Diagnóstico diferencial.* ................................... 154
  2.1 – Doença depressiva anímica primária .....156
  2.2 – Doença depressiva obsessiva primária... 156
  2.3 – Doença depressiva mista. ...................... 158
3. *Doença depressiva obsessiva primária –
  Elementos para identificação* ..................... 161

**VII. A cura da depressão** ............................................ 166
1. *Doenças, curas e evolução.* ........................... 169
2. *Tratamento convencional.* ........................... 174
  2.1 – Uso de medicamentos. ............................ 175
  2.2 – Eletroconvulsoterapia (ECT) .................. 179
  2.3 – Psicoterapia ......................................... 181
3. *Tratamento espírita.* ................................... 183
  3.1 – Expectativas da terapia espírita ............ 185
  3.2 – Evangelhoterapia ................................... 186
  3.3 – Fluidoterapia ........................................ 188
  3.4 – (Psico)terapia desobsessiva. .................. 190
4. *Espiritismo e prevenção* ................................. 192

**VIII. Depressão – doença da alma** ................................ 198

**Bibliografia** ............................................................. 204

# Introdução

# Introdução

Muito se tem escrito sobre a depressão e, mesmo assim, as atenções se mantêm invariavelmente voltadas na direção de um melhor entendimento da doença, seja no que se refere às suas causas, seja quanto ao tratamento e cura.

As autoridades de Saúde no mundo inteiro estão perplexas com a escalada dos números, verificada em todas as partes do Globo, e também com a complexidade dos sintomas, capazes de suscitar questionamentos e lacunas diagnósticas.

A doença depressiva é bem o reflexo especular da sociedade humana dos nossos tempos, aflita e desesperançada, exausta de tantos fracassos e desencontros, atingida em seu orgulho pela constatação da própria fragilidade e da pretensa condição de sabedoria e superioridade.

Exaurida pelo materialismo niilista, incapaz de explicar a fundo e convincentemente o mistério da vida, a criatura humana constata, aturdida, o grande equívoco cometido. Na ânsia de encontrar felicidade, a qualquer custo, confundiu a si mesma, tomando o efeito pela causa, satisfação dos sentidos físicos como exercício do verdadeiro amor. Por isso mesmo, vê-se aprisionada e escrava da sensorialidade orgânica, que elegeu como fim último da existência.

*"Mas toda essa caracterização comportamental* – questionarão alguns amigos – *já não se encontra impressa nas páginas dos séculos adentro na história do gênero humano?"*

*"E, não seria o crescimento estatístico da depressão apenas decorrente de uma maior compreensão e um mais preciso diagnóstico clínico?"*

É certo que a desventura humana, na busca de realização e felicidade plena, não é de agora. No entanto, nunca a inteligência e a razão alcançaram patamares tão destacáveis, como na era contemporânea! Para alguns, esse seria, em verdade, o motivo basal para tal descalabro.

A doutrina espírita, em sua visão evolutiva, socorre-nos a inquietação ao esclarecer que a inteligência e a razão – conquanto exploradas pelo Espírito que experimenta o seu florescer – são capazes, quando amadurecidas, de agir profundamente no indivíduo, descortinando-lhe o cerne espiritual e levando-o a enxergar mais claramente a sua condição moral, ainda muito distanciada da ideal.

Essa a razão, da presença de uma maior sensibilidade e uma maior repercussão dos seus dramas existenciais e dos seus descompassos na estrada da vida, levando-o a experimentar mais dilatado sofrimento. Ou seja, Espíritos mais esclarecidos, porém ainda em processo de amadurecimento intelecto-moral, sofrem mais profundamente o resultado dos seus descompassos do que aqueles menos conscientes.

A escalada da doença no mundo, por isso mesmo, continua crescente, na medida em que se aprofunda o co-

## Introdução

nhecimento da enfermidade e mais preciso se torna o seu diagnóstico.

Hoje, o doente depressivo é identificado com maior facilidade que no passado. Encontramo-lo, com frequência, em nossos múltiplos relacionamentos. Mostra-se dominado por uma inércia, que lhe paralisa a vontade e os movimentos, e tem as vistas empanadas pelos óculos escuros do pessimismo e da desesperança. Parece mesmo incapaz de exercer o livre-arbítrio e de defender a autoestima, vencido pela descrença e o desprazer, estampados no seu psiquismo magoado e solitário.

De grave potencial aflitivo, por agredir os tecidos mais sutis da substância anímica, a síndrome depressiva invade e lesa o corpo físico, compondo o cortejo genésico de várias doenças somáticas e sendo por elas influenciada.

Em ambos os aspectos, porém, a depressão conspira contra a vida, acumpliciada que está com a crescente estatística dos óbitos relacionados com a patologia, e, por conseguinte, com a redução da expectativa de vida de suas vítimas.

Em nossas abordagens sobre o tema, em palestras e seminários nos centros espíritas, temos ressaltado que as múltiplas faces da síndrome depressiva apresentam um ponto comum: suas raízes não estão no corpo somático, mas no espírito imortal que o habita.

O lançamento desta obra, aliás, muito deve a tais conferências, intituladas *"Depressão, doença da alma"*. Foi por sugestão de amigos confrades que estamos levando até você, caro leitor, os conteúdos dessas palestras, agora na forma de livro e com igual título.

A esses companheiros, que foram os grandes incentivadores deste trabalho, deixo aqui meu reconhecimento e fraternal abraço.

*Francisco Cajazeiras*

# Capítulo I

# Depressão
# (Conceito e
# preconceitos)

# I – Depressão
## (Conceito e preconceitos)

A depressão afeta cada vez mais pessoas no mundo inteiro. Considerada "mal do século", pelas funestas estatísticas com que marcou a última centúria, a síndrome prosseguiu avassaladora no tempo, de modo que a expressão se mantém no século atual.

A vida agitada, os conflitos sociais, o estresse do dia a dia, a competitividade agressiva e especialmente a predominância universal do materialismo – senão no sistema de crenças, mas no comportamento, atitude e conduta das pessoas diante da vida – constituem fatores determinantes para tal patamar de dificuldade e sofrimento.

É certo que sempre houve doentes depressivos, constando incidência da doença até em povos primitivos.

Porém, nunca com os índices alarmantes e estratosféricos da atualidade, mesmo guardando a devida proporção em termos populacionais.

A esse respeito, o dr. Michael Thase, professor do Centro Médico de Psiquiatria de Pittsburgh, nos Estados Unidos da América, em entrevista à Agência Estado[1], afirmou:

*"Há mais depressão hoje do que há um século. E mais nas metrópoles do que nos campos."*

Na opinião do dr. Michael, o desencontro nas relações familiares e de amizade, resultante do distanciamento geográfico e da limitação do tempo por uma vida agitada, está na base dos elevados índices dos transtornos depressivos. Segundo o psiquiatra norte-americano, *"o contato humano é uma proteção natural contra a depressão."* E assevera: *""O amparo, o carinho e a intimidade são antídoto contra a doença."* (Grifos meus).

Segundo a Organização Mundial de Saúde (OMS), são 400 milhões de doentes depressivos no mundo[2]; 24 milhões, na América Latina e Caribe[3], 12 milhões nos Estados Unidos da América e 13 milhões no Brasil[4].

A OMS prevê que, no ano 2020, o flagelo ocupará o segundo lugar entre as doenças mais onerosas, incapacitantes e fatais. Mas, para o dr. Roosevelt Cassorla, professor

---

[1] Agência de informações *on line* no Brasil, produz e distribui informações para empresários, executivos, instituições governamentais e profissionais liberais dos mais diversos setores da economia. Endereço eletrônico: www.ae.com.br.

[2] Fonte: Diário de São Paulo *on line*.

[3] Dados do Hospital Santa Lúcia, de Brasília.

[4] Fonte: Eli Lilly and Company e Boehringer Ingelheim

*Depressão (Conceitos e preconceitos)*

do Departamento de Psiquiatria da Universidade Estadual de Campinas (Unicamp), a depressão já ocupa essa posição, ficando atrás apenas dos acidentes automobilísticos[5].

Estima-se, porém, que somente um terço dos portadores busca tratamento médico. Entre estes, muitos procuram o clínico geral, que nem sempre logra diagnosticar o transtorno, encoberto nas queixas múltiplas, inclusive orgânicas. Assim, apenas a metade dos que procuram atendimento é diagnosticada a contento.

Além disso, os próprios doentes – especialmente as mulheres – acreditam ser a retração do humor apenas uma característica de sua personalidade, voltando sua atenção para os sintomas físicos, frequentemente sem elucidação diagnóstica. Via de regra, a explicação médica é insuficiente, rotulando os sintomas simplesmente como "problemas de ordem emocional". Isso tem levado o depressivo a uma verdadeira peregrinação a clínicas e hospitais, consultando-se com vários profissionais.

Em meu consultório, tenho atendido pacientes que se surpreendem com o diagnóstico final. Esclarecemos, então, que a depressão é uma doença real e orientamos para o tratamento específico.

O argumento – *"Mas doutor, esse é o meu jeito mesmo!... Será então preciso tomar medicamentos?"* – é por demais comum. São pessoas que arrastam sofrimentos e má qualidade de vida ao longo da existência, sem nenhuma consciência do mal que lhes acomete e da possibilidade real de tratamento.

---

[5] Psicomundo, *Depressão: Visões diferentes do mesmo fenômeno.* (www.psiconet.com).

Depressão – doença da alma

# 1. Depressão e estados afetivos

Os acontecimentos de toda a ordem na vida do ser humano – assim como suas vivências – são naturalmente acompanhados por estados psíquicos que variam em qualidade e em quantidade, relativos ao tempo e ao espaço, de indivíduo para indivíduo, assim também em um mesmo indivíduo.

Esses estados psíquicos são o resultado de componentes biológicos, socioculturais e espirituais e dão colorido *sui generis* à vida psíquica, **afetando** o todo individual, no que diz respeito às experiências, à compreensão e à apreensão das ideias resultantes dos diversos estímulos, captados e transformados pelo sistema nervoso em **percepção**.

Esses estados íntimos são, por isso mesmo, denominados **afetos** e ao seu conjunto designamos **afetividade**.

As vivências afetivas podem ser tipificadas basicamente em:

• **Humor** – estado afetivo de base, estado de ânimo, tônus afetivo; interfere na "leitura", na forma de interpretar subjetivamente as ideias decorrentes das vivências. O humor retrata-se tanto psíquica como corporalmente.

• **Emoções** – estados afetivos agudos e intensos, desencadeados por estímulos fortes. São experiências psíquicas e somáticas.

• **Sentimentos** – estados afetivos que se mostram mais estáveis. Estão conjugados, frequentemente, com conteúdos intelectuais e de valores. São estados mais psíquicos que somáticos.

• **Afetos** – caracterizam a qualidade e o tônus emocional de uma ideia, dando-lhe colorido específico.

• **Paixões** – estados afetivos intensos e predominan-

Depressão (Conceitos e preconceitos)

tes, que dominam e dirigem tanto a atenção como os interesses. Em sua base anímica, costumam expressar uma necessidade existencial, embora possam ser explorados pelo egoísmo humano[6].

Desta forma, a depender da situação e do momento, manifestamos diferentes estados psíquicos e mudamos a nossa disposição íntima em consequência de fatores múltiplos. É, pois, natural que ora estejamos mais expansivos, ora mais retraídos; ora mais receptivos, ora mais ensimesmados; ora mais alegres, ora mais tristes.

Quando sofremos alguma dificuldade ou somos frustrados em nossas pretensões, é bem compreensível que o nosso estado íntimo se rebaixe e que nos tornemos deprimidos (tristes).

O termo depressão pode ser utilizado diferentemente, seja para significar esses momentos passageiros de rebaixamento do humor, seja para os casos mais prolongados, relacionados com causas bem determinadas e conhecidas como também com causas não aparentes.

Falamos de doença depressiva somente quando a diminuição do humor se prolonga, faz-se acompanhar de outros sintomas específicos e passa a interferir na vida de relação da pessoa.

Então, muito embora seja frequente a utilização do vocábulo "depressão" para designar os momentos cotidianos e fisiológicos de tristeza, isto não traduz necessariamente uma enfermidade, exceto quando tal estado psíquico tem carac-

---

[6] Em O Livro dos Espíritos, questão 908, lê-se o seguinte: "Todas as paixões têm seu princípio num sentimento ou numa necessidade da Natureza. O princípio das paixões não é, portanto, um mal, pois repousa sobre uma das condições providenciais da nossa existência. A paixão propriamente dita é o exagero de uma necessidade ou de um sentimento; está no excesso e não na causa."

22 Depressão - doença da alma

terísticas próprias no que diz respeito à sua temporalidade, intensidade e causalidade, ou seja, quando se demora e se manifesta desproporcionalmente ao suposto motivo ou não encontra uma razão conhecida, fazendo-se acompanhar por um leque de outras manifestações físicas, psíquicas e sociais.

Devemos levar em conta ainda que outras enfermidades, psíquicas ou somáticas, podem apresentar em seu leque sintomatológico um rebaixamento do humor.

Sendo assim, podemos didaticamente falar de **estados depressivos**, que expressam momentos de tristeza, e de **doença depressiva** ou **episódios depressivos**.

## 2. Conceito e preconceitos

A doença depressiva deve, pois, ser entendida como um estado mórbido do tipo transtorno afetivo, caracterizado por humor deprimido que se mantém por longo período, em reação desproporcional à esperada ante um acontecimento psicossocial ou, às vezes, sem causa aparente, e que se reflete negativamente na vida do enfermo, comprometendo-lhe a qualidade de vida.

Apesar da inequívoca presença e expansão do problema depressivo em todo o mundo e das queixas repetidas no cotidiano das relações humanas, existe um tanto de dificuldade em assumi-lo como tal, pelo simples fato de ainda haver muita ignorância tanto em relação aos seus conceitos e significados, quanto em relação a sua realidade nosológica, ou seja, o seu entendimento como doença bem definida e caracterizada.

Confunde-se o mal depressivo com preguiça, fraqueza de caráter, derrotismo, chantagem emocional, loucura ou covardia moral.

Essa incompreensão geral sobre as causas da enfermidade conduz, no mais das vezes, a uma reação de intolerância, de raiva e de desprezo por parte de familiares, colegas e amigos, resultando em afastamento e abandono, com agravamento dos seus sintomas.

Essa situação tem gerado graves prejuízos morais, emocionais, familiares, sociais e mesmo materiais ao paciente, que já se ressente, por si só, de intensa dor íntima e profundo mal-estar.

A esse respeito, tenho testemunhado prejuízos consideráveis pelos pacientes deprimidos[7] – em consequência de sua enfermidade –, das quais podemos destacar a perda do emprego, notadamente quando a doença se torna crônica, não se assegurando o direito de licença para tratamento de saúde, seja pela inação do próprio enfermo, pela omissão de seus familiares próximos ou pela insensibilidade do empregador ou chefe imediato e, às vezes, o que é mais grave, até mesmo do perito que o examina.

O próprio enfermo, muitas vezes, afasta-se do emprego, abandonando-o ou demitindo-se, por não se sentir motivado ou capaz de enfrentar a carga de trabalho e, ao mesmo tempo, não ter ciência do seu problema de saúde.

A baixa produtividade no trabalho, o alheamento à tarefa, a desmotivação, o isolamento social e o absenteísmo levam muitos desses pacientes à demissão no seu emprego.

---

[7] Essas consequências atingem os pacientes com transtornos mentais, de um modo geral, especialmente durante o período inicial do problema, quando nem o próprio paciente se aceita portador de tais enfermidades.

24 Depressão – doença da alma

Nas relações em família, temos observado, embora em menor grau, reações negativas geradas pela incompreensão dos entes próximos, culminando, quando não no rompimento total das relações, pelo menos em comportamento hostil e de indiferença para com esses enfermos.

# Capítulo II

# Aspectos científicos

# Capítulo II

# Aspectos científicos

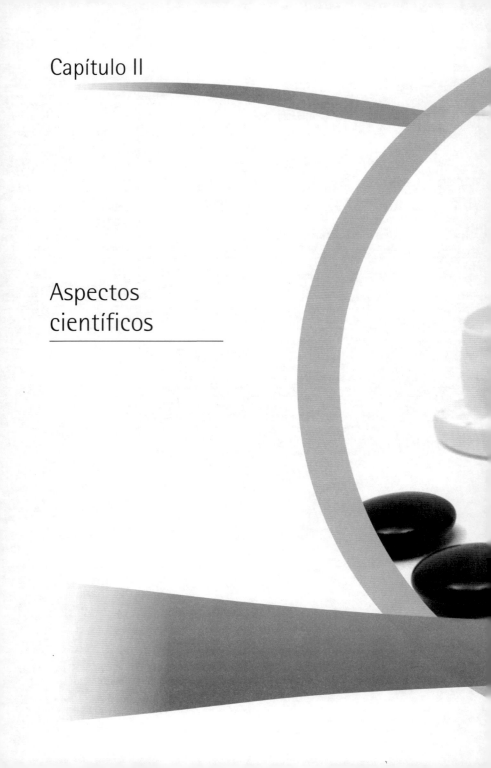

# II. Aspectos científicos

## 1. Pandemia[8] depressiva

A depressão atinge cerca de 15% a 20% da população mundial e é cada vez mais diagnosticada em todo o mundo, em todas as camadas sociais, muito embora as predominâncias e características próprias no que respeita ao sexo e à faixa etária.

É fato, no entanto, que a distribuição geográfica dos casos de doença depressiva tem-se modificado em seus

---

[8] O termo epidemia traduz uma grande elevação do número de casos de uma doença, em determinado período, muito acima do que o previsto pelas estatísticas. Quando a epidemia acontece universalmente, dá-se o nome de **pandemia**.

30 Depressão - doença da alma

diversos aspectos epidemiológicos[9] confrontados com os quadros descritos no passado. Em nossos dias, a síndrome atinge cada vez mais pessoas nas diferentes faixas de idade.

O problema incide preferencialmente em adultos jovens e de meia idade (faixa de 20 a 50 anos), com maior prevalência no sexo feminino, em uma proporção de duas mulheres para cada homem atingido. Há, no entanto, um aumento considerável na direção dos extremos da tabela, atingindo crianças e indivíduos na terceira idade.

Os indivíduos solitários – notadamente do sexo feminino –, viúvos, divorciados e celibatários, situados na faixa etária dos vinte aos quarenta anos, com história de desencarnação de parente próximo antes dos treze anos e com história familiar de depressão mostram-se mais vulneráveis ao mal.

A depressão é uma doença que, no mais das vezes, se manifesta de maneira recorrente, com episódios que costumam durar de seis a treze meses, podendo estender-se por tempo maior. Aproximadamente **20% dos casos tornam-se crônicos**, seguindo um curso contínuo e sem remissão.

Uma das mais dramáticas realidades estatísticas do problema é que cerca de 15% dos seus portadores cometem suicídio. E mais: os pacientes do sexo masculino suicidam--se mais do que os do sexo feminino, em uma proporção de quatro para um.

Nesse aspecto, a doença depressiva é responsável por pelo menos metade dos casos de suicídio[10] registrados.

---

[9] A epidemiologia é ramo das ciências da saúde que trata do estudo da incidência das diversas enfermidades em seus aspectos de distribuição geográfica, raciais, de faixa etária, sexo etc.

[10] A depressão é apontada como a causa em 40% a 60% dos casos de suicídio.

## 2. Causas e concausas

A doença depressiva apresenta uma origem multifatorial, como, aliás, também os transtornos mentais de um modo geral, sendo, assim, o resultado de uma conjugação de causas diferentes, muito embora, costume haver predominância de um ou de outro fator, de acordo com o paciente, o quadro clínico e o tipo de depressão. Essa, pelo menos, é a tendência atual, entre os estudiosos das mais diversas áreas, para o entendimento da problemática depressiva; é o consenso atual nos meios científicos.

Desse modo, podemos destacar causas biológicas, causas psicológicas, causas socioculturais e – acrescento eu – causas espirituais, que serão tratadas em capítulo posterior.

De acordo com as pesquisas científicas, pelo menos até o momento atual, a tendência é a de admitir apenas aquelas de caráter biopsicossocioculturais.

### 2.1 – Hipóteses biológicas

#### A) Hipótese neuroquímica e neuroanatômica

O avanço do conhecimento das Neurociências permitiu melhor compreensão dos fenômenos determinantes dos impulsos nervosos, bem como de sua transmissão ao longo do sistema nervoso.

Sabemos que os impulsos nervosos são de natureza elétrica e que se transmitem de neurônio a neurônio ou de neurônio a célula efetuadora[11], através das sinapses

---

[11] Células que respondem à "ordem" (impulso nervoso) originada no Sistema Nervoso Central para a realização de uma ação corporal. São células musculares e glandulares.

32  Depressão - doença da alma

nervosas[12], a partir da liberação de substâncias químicas pelo neurônio, denominadas **neurotransmissores**, que agem sobre os "neurorreceptores" (sítios proteicos situados nas membranas celulares) e, dessa forma, promovem a comunicação entre uma célula e outra.

À luz do conhecimento contemporâneo, sabemos de grande número desses neurotransmissores, distribuídos em algumas famílias. Uma dessas famílias, denominada **monoaminas**, está relacionada com os quadros depressivos, sendo que a disfunção de pelo menos duas dessas substâncias químicas (neurotransmissores) são aceitas como implicadas em sua base biológica: a **serotonina** e a **noradrenalina**.

A observação e os estudos clínicos que inicialmente nos conduziram à elaboração dessa hipótese foram os seguintes:

➲ O uso de uma droga conhecida pelo nome de **reserpina**[13] causava redução dos níveis cerebrais de serotonina e noradrenalina, ao mesmo tempo em que resultava em aparecimento de estados depressivos no ser humano.

➲ O uso de medicamentos do grupo das **anfetaminas**, usados na Clínica Médica como inibidores do apetite, estimulava a liberação de noradrenalina nas sinapses

---

[12] Sinapses nervosas são estruturas anatômicas e funcionais que permitem a comunicação, pela transmissão dos impulsos nervosos, entre as células no sistema nervoso.

[13] Substância com grande poder hipotensor, muito utilizada no passado, para tratamento emergencial dos quadros de crise hipertensiva (grande elevação da pressão arterial).

Aspectos científicos

nervosas e concomitantemente determinava elevação passageira do humor.

➲ Observou-se, ainda, que os antidepressivos tricíclicos e de segunda geração, medicamentos utilizados no tratamento dos transtornos depressivos, inibem a recaptação de serotonina e noradrenalina pela membrana do neurônio, o que leva a um aumento dos níveis destes neurotransmissores na sinapse nervosa e melhora dos sintomas da doença.

Encontramos, assim, uma redução da atividade da serotonina e da noradrenalina cerebrais nos pacientes que apresentam a doença depressiva.

Com o advento dos exames funcionais de mapeamento cerebral – tomografia computadorizada (TC), ressonância magnética (RM) e tomografia com emissão de pósitrons (PET) – foram identificadas áreas do cérebro relacionadas com os episódios depressivos, com destaque para o córtex medial, a área pré-frontal[14] e o denominado giro do cíngulo[15], originando um modelo neuroanatômico, dentro da hipótese biológica.

---

[14] A área pré-frontal está situada na parte mais anterior do cérebro, sendo muito desenvolvida, não apenas do ponto de vista do volume do córtex cerebral, mas também de sua estrutura e função, em seres humanos. Está relacionada com os fenômenos psíquicos superiores (cognitivos) – pensamento abstrato, memória e associação simbólica –, com estratégias de comportamento social e com as emoções.

[15] Parte do córtex cerebral componente do chamado sistema límbico. Este último, como um todo, está funcionalmente relacionado com as emoções.

## B) Hipótese dos neurorreceptores

A ação dos antidepressivos impedindo a recaptação de serotonina e noradrenalina se faz logo em algumas horas após o seu uso, mas a ação antidepressiva demora algumas semanas para se verificar. Essa constatação levou à elaboração de uma hipótese complementar à monoaminérgica, em que se propõe alterações do número e da sensibilidade dos neurorreceptores, muito possivelmente, em decorrência de determinantes genéticos.

## C) Hipótese da morte de neurônios no estresse

O Prof. Fulvio Alexandre Scorza[16], em trabalho publicado na Revista Brasileira de Psiquiatria[17] com o título *Neurogênese e depressão: etiologia ou nova ilusão?*, aborda uma nova hipótese que vem sendo discutida na explicação da doença depressiva: a da perda de neurônios durante as situações depressivas.

Até a primeira metade do século XX, admitia-se como certo o pensamento de que os neurônios seriam células incapazes de neurogênese, ou seja, de se formarem após o período embrionário.

Já no século XX as pesquisas com animais davam conta da possibilidade de neurogênese de alguns grupos neuronais, o que se confirmou para alguns tipos neuronais no ser humano, como alguns relacionados com a olfação.

Estudos mais recentes têm demonstrado a presença

---

[16] Professor Adjunto Visitante da Disciplina de Neurologia Experimental, da UNIFESP; Professor Adjunto de Neurofisiologia, da Universidade de Mogi das Cruzes; e Pesquisador do Laboratório de Neurociências, da Universidade de Mogi das Cruzes.

[17] Revista Brasileira de Psiquiatria, vol. 27, n° 3, set/2005 Hormônio das glândulas suprarrenais.

de neurogênese em uma região do sistema límbico – o hipocampo – que, além da reconhecida participação e importância nos processos de memória e aprendizado, também estaria relacionado a respostas ao estado de estresse, quando sob o efeito dos hormônios das glândulas suprarrenais, teria diminuição de volume por perda neuronal.

Isso foi evidenciado nos estudos citados no trabalho do Prof. Fulvio Scorza em pacientes com depressão:

"Estudos de imagem mostram uma diminuição do volume hipocampal de mulheres idosas com depressão quando comparadas com mulheres sem patologia associada e da mesma faixa etária. Os *autores associaram essa perda neuronal a uma neurotoxicidade mediada pelo estresse, através da liberação excessiva de glicorcorticoide*[18], o qual estaria relacionado aos episódios de depressão recorrentes. Três anos mais tarde, o mesmo grupo de pesquisadores relatou que a atrofia hipocampal presente nos pacientes com depressão relaciona-se com o período de duração da doença e não com a idade dos pacientes." (Grifo meu).

Por outro lado, há pesquisas pondo em evidência que o uso de Fluoxetina e Imipramina, medicamentos usados para tratamento dos quadros depressivos, além de elevar os níveis de serotonina nas sinapses nervosas, promoveria a neurogênese na região hipocampal.

Na conclusão do seu trabalho, o Prof. Fulvio Scorza afirma:

"Até o momento, os resultados são sugestivos de uma associação entre diminuição de neurogênese (hipocampal) e depressão. Esses resultados foram obtidos em estudos

---

[18] Hormônio das glândulas suprarrenais.

nos quais os antidepressivos aumentaram a neurogênese. Mais ainda, o efeito antidepressivo, observado através do comportamento animal, foi bloqueado pela inibição da neurogênese. Além disso, *pode-se especular que um prejuízo da neurogênese preceda a depressão, aumentando a vulnerabilidade aos estressores psicossociais ou modificando as capacidades adaptativas do organismo ao ambiente.* Assim, mais estudos são necessários para ampliar o conhecimento sobre o fenômeno da neurogênese e, eventualmente, utilizá-lo no desenvolvimento de novas modalidades terapêuticas em depressão." (Grifos meus).

### D) Hipótese da alteração dos ritmos biológicos

Uma outra hipótese biológica para a depressão é a da alteração dos ritmos biológicos[19], amparada nas seguintes observações:

➲ O uso dos medicamentos antidepressivos normaliza o ciclo sono-vigília, frequentemente modificado nos quadros depressivos.

➲ A depressão dita sazonal é uma forma da enfermidade depressiva com maior incidência nas estações invernosas, de pouca luminosidade, e que responde muito bem à fototerapia[20].

---

[19] Os ritmos biológicos, também chamados ritmos circadianos (do latim *circa* = cerca, e *diem* = dia, isto é, que se repetem aproximadamente a cada 24 horas), regulam diversas funções do cotidiano, como sono, vigília, fome, defecação etc. e são coordenados e regulados por uma região importante do cérebro, o hipotálamo. Participa também dessa regulação uma pequenina glândula situada no interior do cérebro, a pineal, ou epífise, bastante conhecida dos místicos e aceita, por grande número de estudiosos da Ciência Espírita, como de relevância na fenomenologia mediúnica.

## Aspectos científicos

### E) Hipótese genética

Vimos anteriormente que as modificações dos neurorreceptores encontradas nos pacientes acometidos da doença depressiva parecem ter origem genética, o que nos remete à ideia de haver pessoas que trazem em seu patrimônio genético uma propensão ao problema.

Corroborando tal pensamento, as estatísticas demonstram uma tendência familiar para a doença depressiva. Estudos realizados com gêmeos monozigóticos[21] mostraram que o transtorno depressivo é compartilhado por eles em percentual de 50% a 80%, enquanto a possibilidade de um gêmeo dizigótico[22], cujo irmão manifestou surto depressivo, vir a adoecer também é da ordem de 15% a 25%.

Conclui-se, a partir desses dados, a existência indiscutível de um forte componente genético como causa dos transtornos depressivos, pois entre os gêmeos monozigóticos a incidência é três a quatro vezes maior do que a da população em geral, enquanto para os gêmeos dizigóticos o aumento é de duas ou três vezes mais, o que, aliás, se pode estender para os pais e outros irmãos[23].

---

[20] Emprego de radiação luminosa no tratamento de enfermidades.

[21] Gêmeos monozigóticos – os que são formados a partir de uma mesma célula-ovo e, por conseguinte, apresentam o mesmo perfil genético.

[22] Gêmeos dizigóticos – os que se desenvolvem a partir de células-ovo distintas.

[23] É bom lembrar que os fatores genéticos conferem uma maior probabilidade de se ter um surto da doença, o que não significa uma determinação em adoecer. Há, sim, maior possibilidade, mas não uma fatalidade. De modo que as possibilidades vão aumentando sempre que um maior número de familiares próximos apresentarem o problema de saúde. Se o pai e a mãe, por exemplo, apresentaram um quadro depressivo, os filhos tornam-se mais susceptíveis à doença.

Apesar disso, observamos que os fatores genéticos, embora relevantes, não são exclusivos, pois se fossem, deveríamos esperar, para os gêmeos idênticos, uma incidência de 100%, levando-se em conta o mesmo padrão genético.

## 2.2 – Hipóteses psicológicas

### A) Luto patológico

Sigmund Freud[24], o pai da Psicanálise, em artigo publicado no ano de 1917, intitulado *Luto e melancolia*, relaciona a patologia depressiva com a dificuldade que têm alguns indivíduos de se adaptarem a uma situação de perda (quer seja de um ente querido ou de alguma abstração que tomou o seu lugar), em função de uma *"disposição patológica"*, ou seja, de uma predisposição à doença.

Diante de uma perda, o indivíduo necessita redirecionar o seu afeto (energias da libido) para um outro objeto que o substitua em suas necessidades psíquicas. A essa reação natural Freud denominou **luto**.

Para o alcance de tal estado psíquico, o indivíduo necessita convencer-se da perda real daquele objeto de seu afeto, na busca de adaptar-se à nova situação, à nova realidade. A reação de luto leva um tempo variável, na dependência das características do paciente e do tipo de

---

[24] Sigmund Freud (1856-1939) – médico austríaco, nascido na Moravia, atualmente República Tcheca, professor da Universidade de Viena. Criou a Psicanálise, retomando e reformando o conceito do termo *inconsciente*. A sua doutrina está baseada na dificuldade do ser humano de externar os seus sentimentos, especialmente os de ordem sexual. Autor de 24 livros sobre psicanálise e de 123 artigos.

perda. Admite-se a duração média de dois meses para o estado psíquico de luto.

Há pessoas, no entanto, que reagem diferentemente, com intensidade e duração maiores do que as usuais, destacando-se uma importante redução da autoestima e deságue na melancolia (depressão), que nada mais seria senão um "luto patológico".

A esse respeito, atentemos para a explicação do aclamado psicanalista[25]:

> "O luto, de modo geral, é a reação à perda de um ente querido, à perda de alguma abstração que ocupou o lugar de um ente querido, como o país, a liberdade ou o ideal de alguém, e assim por diante. **Em algumas pessoas, as mesmas influências produzem melancolia em vez de luto**; por conseguinte, **suspeitamos que essas pessoas possuem uma disposição patológica**. (...) Os traços mentais distintivos da melancolia são um desânimo profundamente penoso, a cessação de interesse pelo mundo externo, **a perda da capacidade de amar**, a inibição de toda e qualquer atividade, e uma diminuição dos sentimentos de autoestima a ponto de encontrar expressão em autorrecriminação e autoenvilecimento, culminando numa expectativa delirante de punição. Esse quadro torna-se um pouco mais inteligível quando consideramos que, com uma única exceção, os mesmos traços são encontrados no luto. **A perturbação da auto-estima está ausente no luto (...)."**

Para o psicólogo e psicanalista Fernando Falabella Tavares de Lima, diretor clínico do Núcleo de Estudos e

---

[25] FREUD, Sigmund, *in Luto e melancolia*, 1917.

Temas em Psicologia (NETPSI), de São Paulo, no processo da melancolia, o sujeito *"não tem consciência do que foi perdido"*. E, ainda: *"O melancólico perdeu um objeto e junto com ele perdeu parte do seu narcisismo*[26]. *Ele se sente empobrecido, pois parte do seu ego*[27] *foi perdida"*. Essa perda de parte do ego explica o rebaixamento da autoestima.

Em relação à libido[28], nos casos depressivos (luto patológico), afirma Freud[29]:

*(...) A libido livre não foi deslocada para outro objeto; foi retirada para o ego. Ali, contudo, não foi empregada de maneira não especificada, mas serviu para estabelecer uma identificação do ego com o objeto abandonado. Assim, a sombra do objeto caiu sobre o ego, e este pôde, daí por diante, ser julgado por um agente especial, como se fosse um objeto, o objeto abandonado"*.

Assim sendo, na doença depressiva, dá-se que algumas pessoas com predisposição patológica entram em luto patológico ao se depararem com uma perda. Haveria um deslocamento do investimento libidinal (afetivo) em relação ao objeto perdido para o Ego, com retração do amor, projeção e regressão à fase oral-fálica[30].

---

[26] Em psicanálise, designa o estado em que a libido foi deslocada para o ego.

[27] Componente da personalidade da proposição metodológica de Freud. É a parte consciente da personalidade, que age de acordo com princípio da realidade, controla as funções cognitivas e procura satisfazer as necessidades instintivas (id) que, por sua vez, opera pelo princípio do prazer.

[28] Segundo Freud, energia psíquica originada no desejo sexual.

[29] Idem, obra citada.

[30] Fases do desenvolvimento da personalidade propostas por Freud. A fase oral está situada no primeiro ano de vida, enquanto a fase fálica se dá do terceiro ao quinto ano de vida.

## B) Agressividade e culpa

Para a psicanalista Melanie Klein[31], há uma relação reativa agressividade/culpa no processo patológico depressivo, desembocando na depressão, conforme declara Hugo Bleichmar[32], em seu livro *La depresión, un estudio psicoanalítico*:

*"O esquema kleiniano supõe o seguinte encadeamento, que tem caráter de série causal: a agressão determina culpa e esta, a depressão".*

## 2.3 – Hipóteses socioculturais

Já nos detivemos antes sobre as situações do cotidiano que contribuem para o surto depressivo. Sem dúvidas, tais vivências não constituem específica e determinantemente causas para a depressão, porque se assim fosse deveríamos esperar o adoecimento de todos os que se deparassem com tais dificuldades. Como, no entanto, tais acontecimentos são encontrados apenas em parte dos casos diagnosticados, vamos considerá-los como fatores desencadeantes das crises e agravantes do problema.

Somos seres gregários, ou seja, temos necessidade de viver em grupos. Isso é regido pelas Leis Naturais, para que, caminhando em conjunto, dividindo experiências e

---

[31] Melanie Klein (1882-1960) – psicanalista austríaca, da escola freudiana, criou uma escola própria, com novos conceitos e uma doutrina particular, ainda que tenha mantido os fundamentos básicos da doutrina freudiana.

[32] Médico psiquiatra, doutor em Medicina, pela Universidade de Buenos Aires, professor da Universidade Comillas, de Madri.

compartilhando momentos e afetos, logremos desfrutar o amor em plenitude.

Infelizmente, porém, o egoísmo que nos domina, a partir do nosso consentimento e da nossa apassivação – em ilusão de domínio e poder exclusivista e excludente –, leva--nos ao isolamento, ainda que dependente do grupo social e em meio a ele.

Interdependemos cada vez mais, muito embora nos debatamos teimosa e rebeldemente nos mares dessa ironia da sobrevivência, enquanto animais pensantes, e do progresso anímico, enquanto seres perfectíveis. Ninguém consegue alçar voos rumo aos cumes da felicidade, na condição de solitário no coração.

Ocorre exatamente o oposto, ou seja, é notadamente na condição de solidários na ação que melhor aproveitamos a imersão mental e afetiva na atmosfera da realidade social que nos abriga nas plagas do infinito da vida.

Por causa de nossa desmedida ambição, geradora de uma competitividade mórbida e uma expectação de perigo e de logro nas relações, é que nos sentimos frustrados e ameaçados, pois projetamos as próprias imperfeições na sociedade, que por afinidade confirma-nos os prognósticos sombrios das relações sociais adoecidas e desgastadas.

Por causa dessa ambição excessiva, tornamo-nos ao mesmo tempo vítimas e algozes uns dos outros, sofrendo e fazendo sofrer, chorando e fazendo chorar, espoliando e sendo espoliados.

São essas situações desencadeantes, provindas das nossas vivências e convivências sociais adoentadas, que são frequentemente encontradas na gênese dos transtornos mentais, como um todo, e especialmente dos transtornos depressivos.

## A) Vida urbana

A vida nas cidades está ficando cada vez mais difícil. A luta pela sobrevivência, a violência generalizada e em suas mais variadas formas, a algazarra, os perigos a cada esquina, a incerteza, as imensas desigualdades sociais, as injustiças e a refrega do corpo a corpo na arena dos logradouros públicos, tudo isso repercute em nossa organização fisiopsíquica, na forma do que se denomina estresse, resultando em desgaste nem sempre recuperável em níveis razoáveis e compatíveis com a saúde.

Em determinadas circunstâncias, a pessoa não suporta a pressão e desequilibra-se: surge a doença, de acordo com a sua predisposição específica. Assim, os predispostos ao transtorno depressivo surtam[33], rompendo as barreiras que os preservam saudáveis.

## B) Desemprego

Uma atividade remunerada ou lucrativa representa a sobrevivência e a segurança para o indivíduo e para os que se encontram na condição de seus dependentes. São, portanto, perfeitamente compreensíveis o sofrimento e a apreensão manifestados pela perda do emprego, sentimentos que, muitas vezes, se constituem em epifenômeno da doença depressiva.

Muitas pessoas, por outro lado, transformam o trabalho em refúgio para empanar suas dificuldades de relacionamento no lar ou na sociedade como um todo, supervalorizando esta atividade e dela fazendo a âncora a que se agarram na busca inconsciente, de se manterem equilibradas, permanecendo, anos e anos, nessa situação

---

[33] Em psiquiatria, o surto significa a eclosão dos sintomas de um transtorno mental.

limítrofe entre a saúde e a doença.

Com o desemprego, são levadas ao confronto direto com as suas problemáticas e adoecem de vez. São bastante frequentes os surtos depressivos desencadeados pelo desemprego.

### C) Pressões sociais

Partícipe das teias das relações do cotidiano, o ser gregário é constantemente alvo de expectativas, análises, cobranças e exigências, muitas vezes descabidas e desproporcionais aos seus reais desejos, obrigações e capacidades. Isso pode se dar como consequência de jogos de interesses egoicos ou mesmo da própria tibieza ou dificuldade do indivíduo em estabelecer metas e propostas específicas para o desempenho das suas funções sociais, deixando-se afogar nos mares das exigências alheias e até próprias.

### D) Desajustes profissionais

A escolha de uma atividade profissional nem sempre é possível e, mesmo quando acontece, no geral, é dirigida por interesses mercadológicos, não se configurando aos anseios lídimos nem mesmo às afinidades e potencialidades de quem a escolhe.

Uma vivência laborativa em dissonância com aquilo que se almejava e acalentava na alma, ou com a qual não se tem identidade, conduz quase que invariavelmente a um estado crônico de insatisfação, desamor, desajuste e até revolta latente que se vai acumulando ao longo do tempo, resultando em baixa produtividade, vulnerabilidade ao desemprego e adoecimento.

## 2.4 – Origem mista

Como vimos, há uma tendência e um certo consenso atuais, entre os estudiosos das patologias dessa ordem, em admitir uma origem multifatorial para os transtornos depressivos, como de resto também para os outros transtornos mentais.

Dar-se-ia, desse modo, uma associação de fatores biológicos, psicossociais e socioculturais na gênese dessas enfermidades, embora se destaque um ou outro, a depender das características da doença apresentada pelo paciente, conforme as diversas classificações existentes.

Além dos fatores etiológicos aceitos universalmente, há que se registrar o fator primário, do qual se destacam os demais: os **fatores espirituais**, que serão analisados oportunamente, em capítulo específico.

# 3. Diagnóstico – quando pensar em doença depressiva

Se há estados depressivos e doença depressiva em que a redução do humor se faz às expensas dos fatores socioculturais, dos acontecimentos cotidianos, como estabelecer, então, a diferença entre as duas situações? Quando se deve pensar em doença depressiva? Quais os parâmetros capazes de nos orientar na procura de um terapeuta?

## 3.1 – Quadro clínico

### A) *Sintomas e sinais*

Depressão - doença da alma

No diagnóstico da depressão aparecem, em destaque, a redução do humor (tristeza), a desmotivação, a perda progressiva da capacidade de sentir prazer (estreitamento vivencial[34]) ou mesmo a anedonia[35].

Esses sintomas podem ser encontrados de forma isolada ou conjuntamente e podemos considerá-los como os **sintomas magnos** ou **cardinais** da doença depressiva.

Além deles, porém, o paciente portador de tal enfermidade pode apresentar um conjunto de sinais e sintomas, dentre os quais podemos destacar:

### ➲ Distúrbios do sono

Presentes em cerca de 90% dos pacientes, há predominância dos quadros de insônia, especialmente do tipo inicial, quando o paciente tem grande dificuldade em conciliar o sono, nas depressões ditas puras. Naquelas outras, associadas à ansiedade, a insônia costuma ser do tipo intermediário ou terminal, com o enfermo acordando no meio da noite e tendo dificuldade de voltar a dormir.

Em menor número de pacientes, encontramos quadros de sonolência, seja desenvolvendo maior tempo de sono noturno, seja apresentando sonolência diurna.

### ➲ Alterações do apetite e do peso corporal

A falta de apetite é mais frequente, embora alguns

---

[34] Em seu livro *Da emoção à lesão,* o estreitamento vivencial é, segundo o dr. Geraldo José Ballone, médico psiquiatra paulista, a expressão mais adequada para representar a perda progressiva da pessoa deprimida em sentir prazer.

[35] Anedonia é a perda da capacidade de sentir prazer, em seu nível mais crítico.

Aspectos científicos

enfermos apresentem aumento do apetite. Isso pode levar a modificações ponderais, com perda[36] ou aumento de peso.

## ➲ Distúrbios de atenção, concentração e memória

Os doentes podem ter dificuldades de atenção e de concentração, o que costuma interferir em suas atividades, inclusive laborativas, e torná-los indecisos.

Pacientes com intensa atividade intelectual costumam apresentar comprometimento de sua produtividade.

Nas pessoas de terceira idade, as dificuldades com a memória são um sintoma frequente, podendo levar o médico a confundir o problema com sinais prodrômicos de demência senil ou mesmo com o mal de Alzheimer.

Crianças e adolescentes costumam apresentar baixo rendimento escolar.

## ➲ Astenia e fraqueza

Sensação de mal-estar, cansaço físico e redução da energia podem levar à falsa ideia de preguiça, resultando na diminuição excessiva de suas atividades profissionais e sociais.

## ➲ Distúrbios motores

Ocorre lentidão dos movimentos que se expressam objetivamente na atitude motora do paciente, como retardamento das ações.

Há pacientes, no entanto, em que se observa exata-

---

[36] Perda de cerca de 5% do peso corporal em um mês, sem dieta. Nas crianças pequenas, considerar a incapacidade de ganhar peso.

48  Depressão - doença da alma

mente o oposto: excitação da atividade motora.

Esses sinais, para serem clinicamente valorizados, não devem estar baseados simplesmente em critérios subjetivos do próprio paciente, mas na observação dos familiares (critérios objetivos).

### ➲ Redução da libido

Cerca de 37% dos doentes deprimidos queixam-se de diminuição ou ausência do desejo sexual. Aliás, é comum chegarem ao consultório casais com queixas sexuais, quando os parceiros reclamam da indiferença sexual dos seus cônjuges.

Quando o problema se arrasta no tempo, podem ser fatores agravantes e mesmo determinantes nos casos de separação conjugal e de infidelidade.

### ➲ Sentimento de culpa

Uma sensação de culpa sem motivo aparente ou com intensa desproporcionalidade relativa a um fato objetivo costuma ser encontrada entre os doentes, os quais passam a se sentir responsáveis por tudo de mal que acontece para os seus familiares, tais como acidentes, enfermidades, problemas afetivos ou desencarnações.

Muitos desses sentimentos de culpa são projeções pretéritas de fatos ocorridos em outras experiências reencarnatórias, mantidas latentes e que se corporificam a partir de vivências análogas do presente e pelo contato com personagens encarnadas ou desencarnadas, que consciente ou inconscientemente promovem a sua superficialização e o seu direcionamento ao consciente, na forma de emoção negativa.

## ➲ Baixa autoestima

Sintoma muito frequente e considerado por Freud[37] como o diferencial entre luto (reação natural) e melancolia (depressão). Os enfermos consideram-se inúteis, incapazes, desinteressantes e desprovidos de qualidades e virtudes.

Há perda do respeito e do amor próprios, autopunição e autoenvilecimento.

## ➲ Pensamentos recorrentes na própria morte

São situações manifestadas, ora como medo de morrer, ora como a possibilidade de extermínio da própria inutilidade no mundo.

Muitas vezes, expressam o desejo de morte, na forma de que *"seria melhor que fossem dormir e não mais acordassem"*.

## ➲ Ideação suicida

Nos quadros mais graves da doença depressiva, os pacientes passam a conviver com pensamentos suicidas, descritos muitas vezes como imagens de situações e formas de suicídio. Acalentam o ato suicida como necessidade e única solução para o seu sofrimento, desenhando-lhe e arquitetando-lhe mentalmente os detalhes.

De outras vezes lutam dolorosamente para vencer os impulsos de autoextermínio.

Um grande número de doentes depressivos tenta o suicídio e 15% deles chegam a consumá-lo.

---

[37] Ver item 3.2 deste capítulo.

Depressão - doença da alma

### B) *Critérios diagnósticos*[38]

Sem nenhuma dúvida, os doentes não apresentam todos os sintomas aqui descritos. Devemos, pois, pensar no diagnóstico da doença depressiva, sempre que atingidos os seguintes critérios:

➲ **Sintomas magnos**
(Redução do humor, desmotivação e desprazer)

O paciente apresenta pelo menos um desses sintomas.

➲ **Sintomas associados**

Os sintomas magnos devem estar associados a pelo menos três ou quatro do grupo citado anteriormente[39].

➲ **Critério temporal**

Os sintomas devem estar presentes praticamente todos os dias, durante quase o dia todo, por pelo menos duas semanas consecutivas.

➲ **Repercussões na vida**

O episódio depressivo deve ser acompanhado de grande sofrimento ou de prejuízo significativo sobre a vida social, trabalhista ou em outras atividades antes destacáveis

---

[38] Critérios baseados na DSM.IV (Diagnostic and Statistical Manual of Mental Disorders – Fourth Edition).

[39] Os sintomas e sinais (magnos e associados) devem perfazer, pelo menos, o número de cinco, em seu total.

Aspectos científicos

na vida do paciente ou – nos quadros mais leves – exigir-lhe acentuado esforço para mantê-las sem repercussões negativas e prejuízos relevantes.

### C. Outros sintomas

➲ **Sintomas somáticos**

Em alguns casos, os sintomas físicos predominam ou são o destaque expressivo da doença, o que dificulta o diagnóstico. São pacientes que têm dificuldade de exteriorizar a sua aflição através do viés afetivo ou cognitivo, somatizando-os.

Nessas situações, os pacientes queixam-se de sintomas do tipo: dores não específicas, mal definidas ou migratórias, náuseas e vômitos, dores de cabeça, tonturas e falta de ar.

## 3.2– Situações clínicas especiais

### A) Depressão na infância e na adolescência

Apesar das discrepâncias estatísticas, há uma tendência geral para se aceitar o aumento considerável dos casos de depressão na infância e na adolescência. Os números variam, mas situam-se em torno de 8% a 9 %, sendo maiores entre os adolescentes, podendo atingir 13% a 14%.

Crianças e adolescentes com doença depressiva costumam apresentar quadros depressivos atípicos, apresentando humor irritável, tido como rabugento, agressividade e crises de raiva, hiperatividade e diminuição do rendimento escolar, o que não significa exclusão absoluta dos sintomas considerados usuais na doença.

Isso pode dificultar o diagnóstico da depressão infantojuvenil, por se prestar a confusão com rebeldia infantil e a rebeldia frequentemente encontrada na adolescência, o que aumenta o risco de suicídio e vem se tornando cada vez mais presente entre adolescentes e inclusive entre crianças.

Os transtornos depressivos, se demorados, são capazes de comprometer o desenvolvimento da criança ou do adolescente e interferir com seu processo de maturidade psicológica e social.

### B) Depressão na terceira idade

Como já anotado anteriormente, nos enfermos desta fase existencial há predominância dos sintomas cognitivos, constituindo-se como queixa de destaque as alterações da memória, lentidão dos processos psíquicos, desinteresse e alheamento, dando a impressão de que o paciente não está consciente da realidade, o que pode dificultar o diagnóstico, confundindo a doença depressiva com os estados de demência.

Parece que o idoso deprimido não se interessa em participar do cotidiano do seu grupo social nem em lembrar dos fatos atuais.

### C) Depressão pós-parto

A depressão pós-parto ou depressão puerperal é o estado depressivo que se inicia entre as duas primeiras semanas e os 12 meses após o parto, atingindo cerca de 10% a 15% das mulheres. Instala-se, com maior frequência, por volta do terceiro ou quarto mês, após o nascimento do bebê.

Os sintomas são basicamente os mesmos já descritos para os episódios depressivos, mas há um sentimento de culpa relacionado com uma suposta incapacidade e incompetência para cuidar do próprio filho, assim como, de estar dando trabalho aos familiares. Destaque-se, ainda,

Aspectos científicos

o fato de a paciente não estar feliz com a chegada do bebê, da sua incapacidade para amá-lo, contrapondo-se dolorosa e dramaticamente à expectativa comportamental esperada para todas as mães.

A paciente pode vir a apresentar pensamentos obsessivos que, apesar de não lhe fazerem o menor sentido, não consegue apagar da mente. Um desses pensamentos pode ser o de vir a fazer mal à criança, machucando-a. Ou de fazer mal a si mesma.

Não necessariamente, porém, esses sintomas devem-se a um transtorno obsessivo-compulsivo, mas integram o rol dos sintomas da própria doença depressiva.

Considera-se que o parto e as mudanças que dele decorrem – sejam as mudanças hormonais, sejam as mudanças de vida – funcionem como potentes estressores no desencadeamento do episódio depressivo.

Podem funcionar como fatores predisponentes: a ausência de estrutura emocional ou social, gravidez indesejada, problemas conjugais, vivências de situações negativas durante a gravidez ou durante o trabalho de parto e apreensões e conflitos inerentes à maternidade em si, o que não significa estejam eles sempre presentes.

Pacientes com história pregressa de depressão ou de outros transtornos psiquiátricos, como, por exemplo, bulimia[40] ou anorexia nervosa[41], são mais propensas a

---

[40] Bulimia nervosa é um estado clínico caracterizado por episódios compulsivos de ingestão de grande quantidade de alimentos, seguida de intenso arrependimento e da adoção de comportamentos compensatórios inadequados, dos quais o mais corriqueiro é a indução do vômito, após os episódios compulsivos.

[41] Anorexia nervosa é um distúrbio alimentar caracterizado pela restrição importante de alimentos motivada por uma obsessão de magreza e o medo irracional de ganhar peso. A paciente apresenta significativo distúrbio em relação à percepção do próprio corpo.

54 Depressão - doença da alma

desenvolver o problema depressivo.

As causas espirituais, situadas em vidas pretéritas, também podem ser aventadas para a eclosão do quadro depressivo no pós-parto, especialmente aquelas relacionadas a litígios e culpas construídos nas relações anteriores.

## 4. Diferentes apresentações

As classificações da doença depressiva no grupo dos transtornos afetivos têm por base o quadro clássico de estado depressivo quanto à intensidade apresentada, à sua evolução e duração, assim como também à associação cíclica de humor exacerbado.

Didaticamente, podemos classificar esses transtornos do humor como **depressões típicas** e **depressões atípicas**. As primeiras se apresentam através dos episódios depressivos, enquanto as depressões atípicas são aquelas que se manifestam predominantemente com sintomas somáticos (físicos) ou de ansiedade.

Baseado na CID 10[42], as depressões típicas podem ser classificadas como a seguir:

### 4.1 – Episódios depressivos

São os quadros caracterizados como depressivos, em que não se encontra história pregressa, ou seja, que estão se manifestando pela primeira vez. Podem ser classificados,

---

[42] CID 10 (Classificação Estatística Internacional de Doenças e Problemas Relacionados à Saúde), capítulo V (Transtornos Mentais e Comportamentais).

Aspectos científicos

de acordo com a sua intensidade, em:

### A) Episódio depressivo leve

O paciente mostra-se sofrido, apresentando alguns dos sintomas anteriormente descritos, mas consegue, apesar disso, desempenhar a maior parte de suas obrigações pessoais. Há redução da produtividade sem, contudo, resultar em prejuízos importantes.

### B) Episódio depressivo moderado

Costuma haver maior número de sintomas do que nos quadros leves, determinando muito maior dificuldade na realização das atividades do cotidiano. As repercussões negativas no cotidiano do enfermo são bem mais palpáveis e mensuráveis.

### C) Episódio depressivo grave

Os sintomas tornam-se bem mais acentuados e marcantes, com destaque para uma profunda deterioração da autoestima e elevado sentimento de culpa. Há um maior delineamento da ideação de autoextermínio e as tentativas de suicídio tornam-se reais.

Destaque-se, ainda, o aparecimento de vários sintomas somáticos (físicos).

### D) Episódio depressivo grave com sintomas psicóticos

Ao quadro anterior, associam-se alucinações[43] e

---

[43] Traduzem-se por percepções "reais" – entendidas do ponto de vista do paciente – de objetos inexistentes, sem que se evidencie uma estimulação externa. Podem ser auditivas, visuais, tácteis, olfativas ou gustativas.

estados de delírios[44], sendo impossível o exercício normal das atividades sociais. Há um aumento relevante da possibilidade de êxito suicida.

Os delírios depressivos estão caracteristicamente relacionados com um grave desgaste da autoestima e se apresentam sob três aspectos: delírios pecaminosos ou de culpa – o enfermo, por exemplo, pode tomar para si a causa de toda a miséria do mundo, de todo o sofrimento da humanidade; delírio de doença e delírio de empobrecimento.

## 4.2 – Transtorno depressivo recorrente

Caracteriza-se por estado depressivo com história pretérita, de caráter repetitivo, sem antecedentes de exacerbação patológica do humor (mania). Também podem ser classificados, quanto à intensidade dos sintomas e a repercussão social, da mesma forma que os episódios depressivos, em:

A) *Transtorno depressivo recorrente leve*

B) *Transtorno depressivo recorrente moderado*

C) *Transtorno depressivo recorrente grave*

---

[44] Os delírios são distúrbios que se caracterizam por alteração do juízo da realidade, ou seja, distúrbio na distinção entre o falso e o verdadeiro, apesar de permanecer mantida a consciência. São alterações do pensamento, quanto à compreensão dos fatos.

**D) Transistorno depressivo recorrente com sintomas psicóticos**

## 4.3 – Transtorno afetivo bipolar

Conhecido, no passado, como psicose maníaco-depressiva (PMD), o transtorno afetivo bipolar assim se denomina porque intercala episódios de rebaixamento do humor com a sua exacerbação patológica.

Os pacientes, portanto, ora entram no polo maníaco, ora no polo depressivo. No entanto, encontramos, com alguma frequência, casos em que se faz predominante um dos polos. Porém, como os quadros maníacos unipolares constituem apenas 1% dos casos, ainda que não haja a sua intercalação com polo depressivo, deve-se diagnosticar o quadro como transtorno afetivo bipolar.

Constituem os principais sinais e sintomas encontrados no polo maníaco:

➲ Humor anormalmente elevado,
   expansivo ou irritável

➲ Aumento da autoestima e sentimento de grandeza

➲ Diminuição da necessidade de sono

➲ Paciente loquaz e com necessidade
   de manter-se falando

➲ Fuga de ideias ou sentimentos voláteis

58 Depressão - doença da alma

● Atenção despertada por estímulos externos irrelevantes

● Atividades direcionadas a uma meta específica e agitação psicomotora

● Envolvimento excessivo com atividades prazerosas

Excluídas outras enfermidades, no diagnóstico do transtorno afetivo bipolar, o distúrbio do humor deve se estender por pelo menos uma semana ou requerer hospitalização, associando-se a pelo menos três dos outros sintomas destacados.

Os pacientes em surto maníaco costumam apresentar desinibição, gastar excessivamente, envolver-se com jogos, dormir pouco sem queixas de necessidade de sono ou cansaço e ter sua sexualidade exacerbada.

Podem apresentar delírios e alucinações condizentes com o humor exacerbado ou irritável e evidenciando temática de poder.

## 4.4– Transtorno persistente do humor

São os casos em que os sintomas se mantêm por anos, comumente de forma flutuante, durante boa parte da vida dos pacientes, resultando em sofrimento e incapacidade consideráveis.

### ● Distimia

É o quadro clínico caracterizado por rebaixamento

Aspectos científicos

crônico do humor, presente quase que diariamente, com duração de pelo menos dois anos[45], mas que não se enquadra no diagnóstico de episódio ou transtorno depressivo, em função de sua baixa intensidade.

Os enfermos costumam apresentar melhora do seu problema por períodos de dias ou semanas, retomando o quadro afetivo usual de modificações do humor no seu cotidiano.

Os pacientes distímicos são pessoas que se definem naturalmente como de temperamento triste, retraídas, esvaziadas de prazer na realização de suas atividades e expressando costumeiramente queixas de fadiga, desmotivação e dificuldade na realização do que consideram suas "obrigações do cotidiano".

Apresentam desgaste na autoestima, afirmando-se pouco capazes e desinteressantes. Superestimam fracassos, problemas e vivências negativas, ao mesmo tempo em que subestimam as vitórias e as vivências positivas.

Mostram-se, ainda, com importante dificuldade nos relacionamentos sociais e sofrem com a necessidade de adaptações ambientais.

A distimia pode aparecer precocemente, desde a infância. Atinge mais a população feminina do que a masculina, em uma proporção de três mulheres para um homem.

Costuma estar acompanhada, ao longo do tempo, de outros quadros psiquiátricos e neurológicos, como os transtornos obsessivo-compulsivos, o transtorno do pânico, a drogadição e as enxaquecas.

---

[45] Em crianças já se pode considerar o diagnóstico com um ano de permanência dos sintomas.

Nas crianças e nos adolescentes, o humor deprimido pode transformar-se em mau humor com irritabilidade e rebeldia.

Somente quando os sintomas efetivamente passam a comprometer as atividades sociais e profissionais desses pacientes é que procuram ajuda terapêutica, quando se pode iniciar o tratamento.

# 5. Depressões atípicas

## 5.1 – Ansiedade e depressão

Estima-se que até 40% dos pacientes com episódios depressivos apresentem sintomas ansiosos, sendo esta uma das razões cruciais para a falha no diagnóstico deste transtorno depressivo, pois, pela exuberância dos sintomas de ansiedade, o paciente acredita-se portador de transtorno ansioso.

Há muita polêmica, ainda, sobre a frequente associação de depressão com ansiedade. Para alguns a ansiedade seria consequente à depressão; para outros seria causa, e, para um terceiro grupo, as duas formariam uma entidade nosológica única, específica.

Há quem acredite que a insegurança encontrada nos quadros de ansiedade patológica seria explicada a partir da visão pessimista da realidade, de evidente conotação depressiva. Isso significa que a ansiedade já estaria relacionada em suas bases com problemas depressivos.

O fato é que os pacientes com episódio depressivo atípico podem sofrer de transtorno de ansiedade, desde

*Aspectos científicos* 61

as formas clássicas de crises de ansiedade[46] propriamente dita, passando por quadros fóbicos[47] e podendo chegar a se manifestar até mesmo como episódios de pânico.

Dessa ou daquela maneira, é certo que a associação desses dois transtornos repercutem negativamente no diagnóstico, no prognóstico[48] e mesmo na resposta ao tratamento dos pacientes com tal associação sintomatológica.

## 5.2 – Depressão e transtornos somáticos

Encontramos episódios depressivos em que predominam os sintomas físicos. O paciente expressa a sua problemática depressiva com manifestações somáticas que podem ser as mais variadas.

Dores diversas – em geral mal definidas –, dores de cabeça, palpitações, pontadas no peito, falta de ar, tonturas, formigamentos e sensações de frio são os sintomas mais frequentemente encontrados.

Os exames clínicos e laboratoriais, no entanto, não se mostram alterados.

---

[46] A ansiedade é uma manifestação psíquica de apreensão e desconforto emocional, associada a uma expectativa de situação futura entendida como ameaçadora.

[47] Quadros clínicos de medo patológico. O paciente costuma ter a consciência de que o medo é irracional, mas não o consegue controlar nem racionalizar.

[48] Em Medicina, o prognóstico orienta sobre o curso ou os resultados mais prováveis e que devem ser esperados na evolução de uma doença.

# 6. Depressão nas doenças e doença depressiva

Reconhece-se cada vez maior o número de enfermidades físicas relacionadas com os episódios depressivos, ora influenciando-os, ora sendo por eles influenciadas. Estudos epidemiológicos têm demonstrado que 10% a 20% dos pacientes com doenças clínicas apresentam sintomas depressivos relevantes, enquanto em 5% dos enfermos este transtorno afetivo é do tipo mais grave.

Muitos desses problemas de saúde podem ser englobados no rol cada vez mais amplo das doenças psicossomáticas.

Têm sido arroladas, para a explicação desse fenômeno, causas autonômicas[49], hormonais e imunológicas[50] geradas pelos transtornos depressivos na gênese e nas complicações das doenças orgânicas.

Dentre esses fenômenos, citamos: alterações do endotélio[51], distúrbios da coagulação, aumento dos níveis sanguíneos dos hormônios das glândulas suprarrenais, como noradrenalina e cortisol[52], e redução da competência imunitária[53].

---

[49] Resultantes do Sistema Nervoso Autônomo, responsável pela manutenção das funções internas do organismo e bastante implicado com a expressão das emoções.

[50] Relativas aos sistemas orgânicos de defesa.

[51] O endotélio é a camada interna dos vasos sanguíneos.

[52] O mais importante hormônio do grupo dos glicorticoides.

[53] Os processos imunes relacionam-se com a defesa do organismo.

## 6.1 – Depressão e cardiopatias

Pacientes cardíacos são mais facilmente acometidos do mal depressivo e vice-versa. Essa comorbidade[54] é referendada e apontada por um estudo feito pela Federação Mundial de Cardiologia, dando conta de que cerca de 45% das pessoas com Infarto Agudo do Miocárdio (IAM) eram acometidas de doença depressiva e que apenas 20% delas recebiam tratamento psiquiátrico adequado.

Outras pesquisas concluem que a presença do quadro depressivo influencia negativamente o início e a evolução do IAM.

Há estudos outros evidenciando que pacientes portadores de doença cardiovascular associada a episódios depressivos apresentam uma mortalidade de três a quatro vezes maior do que os enfermos acometidos exclusivamente do problema cardiovascular.

Parece também que a hipertensão arterial, um dos fatores de risco coronariano, é mais encontrada em pacientes com sintomas depressivos e ansiosos[55].

Há evidências, também, de que os pacientes depressivos apresentam maior risco de eventos cardíacos[56].

---

[54] Diz-se de doença que se superpõe a uma outra.
[55] TENG, Chei Tung & Cols. – *Depressão e comorbidades clínicas.* *Revista de Psiquiatria Clínica*, maio/junho de 2005, nº 03, vol. 32: São Paulo, SP.
[56] Rozanski et al., 1999; O´Connor et al., 2000. Apud TENG, Chei Tung & Cols. Idem, ibidem.

## 6.2 – Depressão e avc[57]

Pacientes acometidos de AVC têm de 19% a 23% de probabilidades para o estabelecimento da doença depressiva, enquanto os doentes com transtorno afetivo do tipo depressivo têm mais risco de acidentes vasculares. Ao mesmo tempo, a doença depressiva, grassando na fase aguda de um quadro de AVC, está associada a uma recuperação difícil e a um aumento da mortalidade, conforme estudos clínicos.

Curiosamente, os quadros depressivos tendem a ocorrer em pacientes com lesão do hemisfério esquerdo, enquanto os quadros maníacos são mais encontrados em lesões do hemisfério direito.

## 6.3 – Depressão e diabetes mellitus[58]

Segundo observações realizadas por pesquisadores da Universidade de Miami, nos Estados Unidos da América, pacientes diabéticos são quatro vezes mais propensos a sofrerem de transtornos depressivos do que a população em geral.

---

[57] AVC é a sigla de acidente vascular cerebral, evento vascular, seja na forma isquêmica, seja na forma hemorrágica. A primeira é popularmente denominada "trombose cerebral", enquanto a segunda constitui o que se chama derrame cerebral.

[58] O diabetes mellitus é uma doença crônica que atinge grande faixa populacional, caracterizada por uma ausência, redução ou disfunção da insulina, hormônio produzido pela porção endócrina do pâncreas, afetando o aproveitamento dos açúcares, pela dificuldade de promover a sua entrada nas células, o que determina uma elevação dos níveis da glicose no sangue. Com o tempo, diversos órgãos são danificados, especialmente os rins, as artérias, o sistema nervoso e os olhos.

Aspectos científicos

Outras pesquisas concluem que pacientes diabéticos têm duas vezes mais possibilidades de desenvolver o problema depressivo.

De qualquer maneira, há significantes evidências estatísticas de que os diabéticos mostram-se mais vulneráveis a sofrerem depressão, notadamente os portadores de diabetes do tipo 2[59] e, em especial, pacientes do sexo feminino.

Sendo uma doença crônica e limitante, além de promover complicações em proporcionalidade direta com o tempo e indireta com controle dietético-medicamentoso, o desinteresse resultante do quadro psiquiátrico tenderia a piorar o quadro clínico do paciente diabético.

Por outro lado, as probabilidades de complicações provocadas por diabetes se amplificam com a associação dos episódios depressivos.

Também aqui o inverso se mostra verdadeiro, ou seja, os doentes deprimidos estão mais propensos a sofrer de diabetes mellitus do tipo 2.

## 6.4 – Depressão e câncer

O diagnóstico firmado de câncer abala psicologicamente qualquer paciente, e isso se traduz na forma de inaceitação, negação, isolamento, ansiedade, raiva e tristeza.

As repercussões psicossociais de um diagnóstico que soa como uma pena de morte e notadamente a sensação de morte iminente são os maiores implicados nesse tipo de reação psicológica.

---

[59] O diabetes mellitus do tipo 2 surge em pacientes maduros, por uma insuficiente liberação de insulina pelo pâncreas ou limitada ação funcional.

De fato, nessas circunstâncias, o enfermo vê ruírem à sua frente todo o seu projeto de vida e as perspectivas de futuro, sente-se despojado da sua condição de elemento social, de sua funcionalidade social e da própria personalidade, que sente esboroar-se à sua frente.

Vê-se como um animal encurralado e sem saída, imobilizado em suas possibilidades de realizações, esvaziado de sua condição de ser empreendedor.

Tudo isso, porém, varia em intensidade, a depender da estrutura psicológica do paciente, da forma como o profissional médico o informa do diagnóstico, do seu grau de espiritualização, de sua forma de vida, do equilíbrio de suas relações intrafamiliares e das perspectivas de apoio que possa receber.

A ansiedade e a tristeza, porém, se farão invariavelmente sentir em algumas fases de sua trajetória e na luta contra a doença.

Apesar disso, apenas 25% das pessoas com diagnóstico de câncer desenvolverão episódio depressivo, na feição de comorbidade, a requerer intervenção terapêutica médica e psicológica específicas.

Não se deve, pois, acreditar que todos os pacientes com câncer serão acometidos também pelo transtorno afetivo depressivo. Em verdade, a ansiedade e a tristeza manifestadas são reações emocionais naturais diante de uma situação aflitiva e estressora dessa magnitude.

A dra. Elisabeth Kübler-Ross[60], em sua clássica obra

---

[60] Elisabeth Kübler-Ross (1926-2004) – médica psiquiatra nascida em Zurück, Suíça. Em 1958, transferiu-se para os Estados Unidos da América, onde realizou trabalho, em favor dos doentes terminais, restabelecendo a Tanatologia, especialidade que se debruça sobre o processo de morte, humanizando o tratamento dispensado aos doentes terminais, dando-lhes atenção, suporte e apoio para uma desencarnação mais serena e consciente.

*Sobre a morte e o morrer*[61], acompanhando inúmeros pacientes com diagnóstico de câncer e terminais, de um modo geral, identificou uma reação psicológica, em alguns pacientes, na fase final da vida, que ela designou de "depressão ou pesar preparatório", não patológica, caracterizada por um estado de tristeza e alheamento, que o preparam para a perda iminente de sua condição de ser encarnado e das suas consequentes perdas sociais, no mundo.

De outra forma, segundo alguns pesquisadores, pacientes depressivos apresentam maior probabilidade de virem a desenvolver câncer e têm piora do seu prognóstico em relação à doença física, levando-se em conta que emoções negativas, como tristeza e pessimismo, mantidas ao longo do tempo, interferem nos processos imunes, reduzindo-lhe a competência[62].

Ora, nos pacientes com câncer já se identificam disfunções e carências do sistema de defesa do organismo, os quais, por sua vez, se agravariam em consequência do quadro depressivo.

## 6.5 – Outras doenças

Enfermidades crônicas que determinam aos seus portadores uma convivência com quadros dolorosos crônicos, tais como, por exemplo, as doenças reumáticas crônicas, se fazem acompanhar em maior percentual dos transtornos depressivos.

---

[61] KÜBLER-ROSS, Elisabeth. – *Sobre a morte e o morrer*. Trad. Paulo Menezes. Ed. Martins Fontes: São Paulo.

[62] Ver O *valor terapêutico do perdão*, Editora EME.

Estudos realizados no Centro Multidisciplinar da Dor, no Rio de Janeiro, concluíram que até 87% das pessoas que sofrem de dor crônica apresentam transtornos de humor e que 75% dos pacientes com depressão apresentam dor.

O dr. Chei Tung Teng[63], do Instituto de Psiquiatria, do Hospital das Clínicas, da Universidade de São Paulo, destaca a maior incidência da doença depressiva em pacientes com epilepsias recorrentes, doença de Parkinson, doença de Alzheimer e esclerose múltipla.

---

[63] TENG, Chei Tung & Cols. – *Depressão e comorbidades clínicas. In "Revista de Psiquiatria Clínica".* Maio-junho de 2005, no. 03, vol. 32: São Paulo, SP.

# Capítulo III

## Conflitos familiares e o cotidiano

# III – Conflitos familiares e o cotidiano

## 1. A família e o espírito

A família é o primeiro grupo social em que se insere o Espírito em sua incursão reencarnatória.

Na maioria das vezes, os seus integrantes guardam laços de afinidades e simpatia construídos ao longo de repetidas experiências pretéritas, em outras existências terrenas, via de regra experimentando os diferentes papéis que constituem a empresa familiar.

No núcleo familiar, somos acolhidos, amparados, protegidos e estimulados ao progresso, o que nos torna mais sensíveis à ação dos familiares – muito particularmente dos pais –, ao mesmo tempo em que recebemos a oportunidade da interação intelectivo-afetiva, capaz de favorecer-nos a consolidação dos laços afetivos e o desenvolvimento do amor recíproco.

Enquanto fortalecemos essas relações, somos integrados à sociedade mais ampla, campo da nossa ação e palco das nossas realizações sociais e espirituais, recebemos os estímulos educacionais para o convívio pacífico e equilibrado com as individualidades outras que nos compartilham a jornada terrena.

Depreende-se, daí, a magna importância das vivências e experiências intrafamiliares, no que diz respeito às nossas necessidades de adaptação e circunscrição aos modelos culturais e existenciais do mundo, haja vista sermos Espíritos com experiências pretéritas, que, embora guardadas no inconsciente, expressam-se na vida atual, na forma de tendências e potencialidades, de atavismos comportamentais e emocionais.

Mas, especialmente, as relações no grupo familiar visam não apenas aprofundar afetos, como também reajustar, reatar e retomar as relações entre os Espíritos, sob o guante das necessidades existenciais e a força dos laços consanguíneos.

Apesar dos laços afetivos pretéritos que interligam a maioria dos elementos do núcleo familiar e da família como um todo, a imperfeição que nos sombreia o momento evolutivo resulta em graves e sérias dificuldades no exercício do amor, experimentadas através dos conflitos de hoje e de ontem, que se relacionam, se mantêm e se distendem.

Assim é que se abrem em leque os desafios da convivência, no sentido de nossa adequação à vida social, abrindo mão do egoísmo – muito embora sem anulação da individualidade –, solucionando conflitos, extinguindo os vulcões do personalismo e empreendendo passos firmes e

Conflitos familiares e o cotidiano 75

resolutos para o desenvolvimento do amor em plenitude.

A família, porém, extrapola sua função de congregar almas afins e simpáticas[64], pois, compromissada com as leis do progresso e de reprodução, franqueia seus umbrais àqueles litigantes históricos e figadais do passado, verdugos e vítimas, perseguidores e perseguidos, em estratégia pedagógica de reencontro patrocinado pelas necessidades evolucionais e os anseios de felicidade.

A estrutura relacional de necessidade recíproca, enquanto ser humano – Espírito encarnado –, em seu afã de realizações, engendra toda uma teia de carências e interdependências com ampla potencialidade para a vitória espiritual, para o sucesso da experiência palingenética[65].

Compete, porém, aos atores do espetáculo da vida terrena, a decisão, a atitude e o aproveitamento dessa ordem de coisas em benefício do próximo, em seu próprio benefício e no sentido de construir um cenário mundial mais equilibrado.

Ora, para se atingir esse objetivo, há que se contar com o esforço, a consciência, a determinação e a boa vontade de todos – ou pelo menos de boa parte – dos seus componentes, e, dessa maneira, faz-se compreensível a variabilidade dos graus de dificuldades a vencer, em consonância com as aptidões e com as propostas evolutivas.

A família, então, funciona como um cadinho, a permitir e abrigar em seu continente as depurações, análises e provas imprescindíveis aos objetivos sociais e espirituais

---

[64] Do ponto de vista do Espiritismo, almas simpáticas são Espíritos afins, que se aproximam por uma sintonia e uma vibração comuns, com gostos e ideias semelhantes.

[65] Relativo à palingenesia ou palingênese, vocábulos de origem grega que podem ser tomados como sinônimos de reencarnação.

76 Depressão - doença da alma

de seus membros. Por isso mesmo, na dependência das relações pretéritas de afinidade ou litígio, bem como do estado anímico dos que lhe compõem o conjunto, conflitos e dificuldades a vencer podem se desdobrar em grande escala, requerendo de cada um a vontade firme e a compenetração de seus deveres.

A doença depressiva, que tem suas causas mais profundas assestadas na alma, muitas vezes encontra fatores predisponentes nessas situações e vivências familiares que se distanciam do ideal das relações entre os seus elementos humanos.

## 2. Depressão, eventos e família

O senso de responsabilidade, quando assumido por cada um dos componentes de um núcleo familiar, de forma sôfrega e ansiosa, eivado de culpas impalpáveis e invisíveis ao consciente – mas nem por isso menos contundentes –, costuma desaguar em situações entendidas como desesperadoras. Por outro lado, os transtornos nos relacionamentos interpessoais marcados ainda pelo egoísmo e sob a pressão do inconsciente, onde se armazenam pendências de relações tempestuosas e de casos mal resolvidos, tudo isso é capaz de agir como elemento desencadeador ou pelo menos como um agravante para o eclodir de um episódio depressivo.

### 2.1 – Demissões e desemprego

As demissões das atividades trabalhistas, especialmente quando atingem os mantenedores do lar – as suas pilastras econômicas –, constituem vivências aflitivas co-

Conflitos familiares e o cotidiano

mumente arroladas pelo paciente como fator desencadeante de sua doença, do seu episódio depressivo.

O desemprego é, sem sombra de dúvida, um dos grandes vilões sociais arrolados dentre as causas da doença depressiva. Em primeiro lugar, pela sua prevalência no mundo, posto que, mesmo em economias mais consolidadas, admite-se como normal um índice de desemprego da ordem de 3%, e há até mesmo os que entendem esta ordem de desemprego como ideal e salutar à economia, por constituir uma reserva de mão de obra para a expansão industrial[66]. Vale salientar que, no Brasil, a taxa de desemprego, de acordo com dados do Instituto Brasileiro de Geografia e Estatística (IBGE)[67], foi da ordem de 10,2%, em maio de 2006.

Em segundo lugar, ressaltemos o fato de que a perda do emprego promove reações emocionais e sociais que resultam em acentuada redução da autoestima e da autoconfiança, assim como também, em perda de poder e de prestígio pessoais, de acordo com várias pesquisas.

Coutinho[68] e colaboradores concluem, citando outros estudos, em artigo sobre inquérito epidemiológico[69]:

---

[66] Capitalismo selvagem, fruto do comportamento materialista!

[67] Dados encontrados para o que se chama **desemprego aberto**, ou seja, o número de pessoas disponíveis para o trabalho, que procuraram emprego e não lograram uma colocação. Outra forma para esse cálculo, denominada **desemprego total**, leva em conta toda a população em condições de trabalho (na faixa etária de 14 a 65 anos), mesmo que não haja procurado trabalho.

[68] Evandro da Silva Freire Coutinho. Pesquisador Titular, Departamento de Epidemiologia e Métodos Quantitativos em Saúde, Escola Nacional de Saúde Pública da Fiocruz, RJ.

[69] COUTINHO, Evandro da S. Freire. – "Fatores de risco para morbidade psiquiátrica menor: resultado de um estudo transversal em três áreas urbanas do Brasil". *Revista de psiquiatria clínica*. Set/Out-1999, nº 05, vol. 26: São Paulo.

*"Veroff (1981) diz que gênero feminino, **desemprego, baixos salários e baixa escolaridade são condições que tendem a reduzir o poder.** Segundo Rosenfield (1989), a questão central é a redução do controle pessoal percebido sobre o meio social, por meio do qual, **tanto o nível baixo de poder quanto a sobrecarga de demanda estariam associados à ocorrência de sintomas psíquicos, particularmente ansiedade e depressão"*. (Grifo meu).

## 2.2 – Aposentadorias

Também as aposentadorias, com alguma frequência, constituem fatores imediatos no surgimento de surtos depressivos, notadamente quando não se substitui a atividade laborativa por outra, de preferência prazerosa para o indivíduo.

O vazio, o ócio, a sensação de inutilidade e de incapacidade, a perda do *status* e da importância funcional no contexto social tendem a repercutir negativamente no trabalhador, na pessoa operante que, apesar da empolgação natural do início da liberdade de compromissos trabalhistas, logo se ressente ante a costumeira indiferença da sociedade para com o aposentado.

O fenômeno agrava-se porque, no comum, a idade e o tempo, em que se dá a aposentadoria, coincidem exatamente com o esvaziamento do núcleo familiar, pela evasão natural dos filhos do lar paterno, sua inserção na sociedade e a definição de seus espaços, assim como a formação dos seus núcleos familiares próprios e legítimos.

## 3. Depressão e desarmonias conjugais

O encontro conjugal tem por finalidade, do ponto de vista espiritual, promover vivências mais íntimas e o compartilhar de emoções e decisões conjuntas, fomentando a depuração dos sentimentos, a partir da permuta de afeto e das energias genésicas[70].

Estimulados pelas relações anteriores e as suas buscas de equilíbrio e felicidade, de um lado, e instigados pelas paixões originadas dos estados de necessidade biológica, na forma de realização como macho e fêmea, os Espíritos que assumem esse papel permitem-se tomar sobre os próprios ombros a responsabilidade de abrir as portas da vida física para os que permaneceram no mundo espiritual, candidatos ao aprendizado terreno por determinismo evolucional, com resultados benéficos recíprocos e imediatos, a partir da constituição dos laços familiares.

Há, no entanto, as dificuldades de relacionamento, compreensíveis ao estado atual da evolução anímica, que se apresentam na forma de conflitos conjugais a serem vencidos pelo esforço conjunto de esposa e marido, sob o amparo dos sentimentos desenvolvidos ou consolidados a partir de uma relação harmônica.

Entretanto, os vínculos e débitos do passado exteriorizam-se, muitas vezes, no dia a dia do casal, na feição emocional, culminando em aflições e mal-estares responsáveis por grande sofrimento e pelo adoecimento particular ou conjunto dos cônjuges.

Dentre essas desarmonias conjugais, devemos citar como implicadas na gênese dos processos depressivos, assim como de outros estados mórbidos:

---

[70] Energias criadoras.

## 3.1 – Violência física

Ainda hoje, somos todos surpreendidos com histórias de agressões físicas pontuando dolorosamente as relações entre os casais. Isso se dá com mais ampla frequência do que se possa imaginar, atingindo as mais diversas classes sociais – muito embora sua maior incidência seja nas mais baixas – e independentemente do sexo, apesar de ser mais comum a violência física do homem contra a mulher, até por causa da compleição física masculina.

Têm sido descritos, na literatura especializada, casos de agressão física contra homens, com a mobilização de terceiros para a sua execução (parentes da mulher ou "profissionais" contratados) e, às vezes, tomando o homem de surpresa, por exemplo, durante o sono.

É certo que a emancipação feminina, notadamente no que respeita à sua independência financeira, assim como também o estabelecimento de uma maior consciência geral dos direitos iguais pela sociedade favoreceram a redução desse tipo de violência em regiões mais desenvolvidas.

Ainda assim, nas regiões mais atrasadas e empobrecidas, permanece alarmante a imposição da força física e o constrangimento sobre as mulheres.

A impossibilidade de fugir a esse estado de subjugação – seja pelo medo e pelas ameaças corriqueiras, seja pela dependência financeira e emocional (ou emocional) – mantém as vítimas aprisionadas nesse círculo de aflição, pavor e desespero, sempre em alerta e na expectativa ansiosa do estado de humor do parceiro.

Como se isso não bastasse, o agressor costuma imputar responsabilidade à vítima por seu comportamento agressivo, causando-lhe inquietude e sentimento de culpa e deteriorando-lhe a autoestima.

Todo esse drama familiar é agravado, a partir da incidência do alcoolismo[71], em larga escala, desenvolvido a partir do entendimento vulgar de sua suposta eficácia para afogar as mágoas, frustrações e necessidades. Como, também, pelo estímulo vigoroso e perverso veiculado através da mídia – em indiscutível perversão dos valores e dos direitos – e pela aceitação tácita do uso dos alcoólicos pela sociedade de um modo geral, entendido como comportamento natural e sem maiores repercussões.

Vale a pena ressaltar que o agressor pode agir às expensas de problemas psíquicos, no mais das vezes, de estados ou episódios depressivos. É o caso da depressão conduzindo à depressão, em ciclo lastimável.

Também é possível encontrar na base do comportamento agressivo transtornos mentais do tipo "embriaguez patológica" e "transtorno explosivo da personalidade".

No primeiro caso, a pessoa se torna extremamente agressiva, após a ingestão de bebida alcoólica, com alterações da consciência e a adoção de comportamento violento, não relacionado a uma causa real e sem premeditação, sonolência após o episódio e esquecimento no dia seguinte. Associa-se, com frequência, aos estados epilépticos.

Já o transtorno explosivo da personalidade é caracterizado por extrema suscetibilidade a acontecimentos estressores de pequena monta, resultando em súbita e incontida violência, desproporcional ao evento motivador, que se agrava com a recriminação ou tentativa de impedimento,

---

[71] Aqui não se trata unicamente dos casos de alcoolismo doença, mas, principalmente, os casos de "bebedores sociais", pois o uso de álcool, por si só, é responsável pelo aumento do número de casos de violência conjugal e doméstica.

82 Depressão - doença da alma

podendo apresentar-se na forma de agressão verbal ou física, às vezes com a destruição de objetos.

Após a crise, há intenso arrependimento com autorrecriminação, capaz de produzir estados depressivos de magnitude variável.

Ambos os problemas são passíveis e controlados por tratamento.

## 3.2 – Violência psicológica

Uma outra modalidade de violência é a psicológica, tão deletéria ou mais do que a violência física, exatamente por sua frequência, invisibilidade e dificuldade para o diagnóstico. Caracteriza-se por rejeição, desrespeito, humilhação, desvalorização, indiferença e punição direcionados à vítima. A violência psicológica, conquanto não deixe marcas perceptíveis, no que diz respeito à relação de causa e efeito, costuma repercutir de forma dolorosa e agir como causas indiscutíveis na instalação dos transtornos mentais.

Enquanto a violência física é infinitamente mais presente na ação do homem contra a mulher, a violência psicológica incide em grande escala na atitude da mulher contra o homem, embora sem atingir as mesmas proporções, porquanto também o homem a pratica contra a sua companheira. Cada qual usa das armas mais compatíveis com o seu domínio e capacidade de manipulação.

Mostra-se, ainda, na forma de perseguição e ameaças de denegrir imagens, da imposição de sentimentos e ideologias, da desvalorização e do menosprezo pelos potenciais do outro, bem como da manipulação do comportamento emocional, da chantagem emocional e da exploração da fragilidade afetiva.

À violência psicológica, costuma se associar a violência verbal, na forma de ofensas morais e difamação, execração familiar ou pública. É o caso, por exemplo, de mães ou pais que, propositadamente – às vezes sob o disfarce da espontaneidade –, trazem à tona os defeitos morais do cônjuge, explorando-os ou superdimensionando-os, em tentativa dolosa de manipular a opinião dos filhos e de suscitar-lhes decepção e revolta.

Toda essa situação é produtora de estresse, sentimento de culpa e de redução da autoestima para os que lhe sofrem a ação nefasta.

## 3.3 – Infidelidade

Um dos eventos mais implicados na determinação de sofrimentos e desavenças conjugais é indiscutivelmente o ato de deslealdade e de infidelidade.

O problema é que cada vez mais se expande a atitude infiel por parte dos cônjuges, havendo um aumento considerável inclusive da infidelidade feminina, que, até alguns anos atrás, registrava baixos percentuais de incidência. De fato, as pesquisas realizadas dão-nos conta de que mais e mais mulheres confessam haver traído seus parceiros, enquanto se mantêm os elevados índices de infidelidade masculina.

A infidelidade é estimulada pela propalada "liberdade sexual", pelo fomento à sensualidade, pela exploração da sexualidade em praticamente todas as manifestações sociais: no modo de se vestir, na mídia, na arte, no cotidiano. Há como que um incentivo à conduta sensual, à irresponsabilidade nos contatos íntimos; uma tendência a se deixar conduzir pela instintividade biológica, rebaixando-

84 Depressão - doença da alma

-se à animalidade, sem que se leve em conta o fato de o ser humano, pela razão desenvolvida, não poder se eximir de analisar o sentido maior da sexualidade, assumindo a responsabilidade do seu uso.

Os relacionamentos fortuitos ou continuados, mas sem nenhum compromisso, exceto o do prazer pelo prazer, são estabelecidos no ambiente de trabalho, nos relacionamentos sociais, em encontros ocasionais, ou através da internet.

Apesar de a sociedade tender a compreender como natural esse comportamento libertino e de grande percentagem das pessoas casadas traírem seus cônjuges, quase ninguém permanece indiferente ante uma situação dessa natureza, quando a sofre. Todos reagem, via de regra, com raiva, agressividade, ódio, tristeza, apatia ou abalo da autoestima.

## 3.4 – Separação conjugal

As estatísticas revelam um aumento crescente do número de separações conjugais, com densidade nos primeiros dois anos da vida a dois.

Cerca de 33% dos casamentos no Brasil se desfazem[72]; na Inglaterra, são 40%, nos Estados Unidos da América, os números chegam a patamares de 60%, e, na Rússia, alcançam a exorbitante cifra de 80% de separações conjugais.

São múltiplos os fatores[73] e causas relacionados com

---

[72] Dados do Instituto Brasileiro de Geografia e Estatística (IBGE), em 2001.

[73] Ver o capítulo "Separação conjugal", no livro *Existe vida... depois do casamento?*, publicado pela Editora EME.

Conflitos familiares e o cotidiano

esse fenômeno contemporâneo, podendo ser classificados de várias maneiras, mas que, sem dúvida, possuem em comum o egoísmo e o materialismo vigentes em nosso planeta, geradores do orgulho, da ambição, da intolerância, das distorções éticas e da busca desenfreada e última pelo prazer sensorial.

Litigiosa ou não, a ruptura do laço conjugal resulta em grande sofrimento para todos os integrantes do núcleo familiar, com repercussões psíquicas indiscutíveis, a curto, médio e longo prazos, podendo resultar em adoecimento psíquico.

Tenho acompanhado numerosos casos clínicos de episódios depressivos, em que a separação conjugal esteve presente, de forma relevante, para o seu estabelecimento, tanto em pacientes do sexo masculino, quanto do sexo feminino.

A psicóloga Vera Regina Röhnelt Ramires[74], em artigo publicado na revista *Psicologia em estudo*, retrata as repercussões psíquicas e comportamentais sobre crianças de cinco a treze anos de idade, consequentes à ruptura conjugal de seus pais:

*"(...) Aos cinco e seis anos desejo/fantasia de reunir a família, separação sentida como uma tormenta; conflitos de lealdade e vivência dos conflitos próprios da idade; aos oito e nove anos, ansiedade de separação, sentimentos de perda e dor intensa, fantasias de abandono e conflitos no processo identificatório;*

---

[74] Doutora em Psicologia pela PUC, São Paulo. Professora da Universidade do Vale do Rio dos Sinos – Unisinos, São Leopoldo, RS.

86 Depressão - doença da alma

*aos dez e treze anos aceitação da nova união dos pais, atitude de cuidado e proteção dos pais, sentimentos de culpa e temores de retaliação e raiva e tristeza."[75]*

# 4. Conflitos entre pais e filhos

As dificuldades e os problemas encontrados nos relacionamentos entre pais e filhos não são menos usuais do que os enfrentados por seus pais entre si.

Conflitos, sofrimento e dores de grande amplitude são experimentados e encontrados nesses encontros de almas enfermas que, conduzidas por suas imperfeições e sob a ação latente dos relacionamentos tumultuados de outras existências, punem-se reciprocamente e em cascata torturante, ao longo das múltiplas experiências corpóreas.

Há que se destacar, no entanto, o fato de a oportunidade de convivência, sob os auspícios da consanguinidade, promover possibilidades reais para a redenção e o alinhamento dessas relações.

O relacionamento entre pais e filhos, em situações mais corriqueiras, ressente-se de graves problemas que levam ao adoecimento psíquico.

## 4.1 – Violência física

A ação violenta sobre a criança compreende aspectos culturais, haja vista ser costume, na Idade Média, entender

---

[75] RAMIRES, Vera Regina Röhnelt. – *"As transições familiares: a perspectiva de crianças e pré-adolescentes".* Psicologia em Estudo, maio/agosto de 2004, vol. 9, nº 2: Maringá, PR.

a criança como se fora um adulto em miniatura e que, para a sua educação, seria indispensável o uso de castigos e corretivos físicos.

Nos últimos cem anos, o conhecimento humano sobre a psicologia patrocinou profundas mudanças na forma de educar o infante, tanto na escola quanto na família, proscrevendo-se os castigos corporais.

Apesar disso, são ainda relativamente comuns os casos de agressão física contra crianças de todas as idades. Aliás, algumas pesquisas apontam um maior número de casos de violência contra aquelas com menos de dois anos de vida.

Diversos tipos de traumas têm sido descritos e identificados, nos hospitais de emergência, tais como contusões, feridas, fraturas, queimaduras etc., apontados pelos pais ou responsáveis como resultado de acidentes.

Essas agressões podem ser motivadas por alguns transtornos psiquiátricos, porém, em geral, expressam simplesmente o estado de grosseria moral dos pais, a sua sensação de posse, a cultura da violência ou uma forma indireta de agredir o cônjuge.

Quadros como o da "síndrome da criança espancada" ou o da "síndrome do bebê sacudido"[76] são infelizmente uma dolorosa realidade.

---

[76] Síndrome do bebê sacudido – Quadro clínico que resulta da ação de sacudir violentamente um bebê, em geral um lactente. Como consequência, acontecem lesões neurológicas, em maior ou menor intensidade, que podem resultar em cegueira, convulsões, atraso no desenvolvimento, lesões de coluna ou até em desencarnação.

## 4.2 – Agressão ou abuso sexual

A violência sexual a crianças e adolescentes, segundo estudos especializados, tem atingido níveis muito mais elevados do que se supõe.

A agressão sexual pode ser definida como a utilização de crianças ou adolescentes, por parte de adultos ou adolescentes mais velhos, com objetivos de gratificação sexual, mediante abuso do poder, com ou sem a utilização da força física.

De difícil constatação prática – principalmente quando o agressor é o pai ou familiar –, as estatísticas são muito acanhadas em nosso país. Nos Estados Unidos da América, porém, as estatísticas revelam fato assustador: o problema atinge um terço das famílias.

O principal agressor, de acordo com os estudos realizados, costuma ser o próprio pai ou o padastro, seguido na ordem de frequência por tio e vizinho.

A criança agredida dificilmente denuncia o seu agressor, de modo que, frequentemente, a agressão somente é evidenciada quando, ao chegar à adolescência, a jovem engravida.

Ressalte-se ainda que, não apenas as crianças e adolescentes do sexo feminino, são vítimas de violência sexual, mas também os meninos e adolescentes do sexo masculino, embora isso se dê em menor escala.

A violência sexual costuma repercutir no agredido, produzindo medo, vergonha, desalento e grande sentimento de culpa, podendo mesmo dificultar adequado desenvolvimento físico e mental, nos casos de abuso à infância.

## 4.3 – Violência psicológica

Há ainda a violência psicológica, situação em que o adulto pressiona psiquicamente a criança, provocando-lhe desconforto emocional, sensação de desamparo ou inferioridade.

Em geral, o adulto manipula-a emocionalmente para o alcance de seus propósitos, tidos como educativos ou meramente egoístas e narcisistas. Podemos encontrar esse tipo de violência contra a criança nos seguintes casos:

### ➲ Barganha do afeto

A criança é exposta a uma indiferença afetiva, exatamente pela pessoa que é o seu maior referencial de carinho e atenção, e instada a se comportar de acordo com a vontade do adulto. Com isso, o adulto espera fazer a criança render-se à sua vontade e determinação, explorando sua natural dependência afetiva infantil, em relação aos seus modelos e dispensadores.

### ➲ Comparações negativas

Comparações depreciativas, explorando, caricaturando ou mesmo inventando defeitos ou deficiências, incapacidades ou incompetências.

Em geral, costuma fazer parte de uma suposta estratégia de "despertamento", para o desenvolvimento de qualidades que os pais idealizam para os filhos. Pode, ainda, ser o reflexo da preferência direcionada a um ou outro filho, com atitudes comparativas diretas ou indiretas.

## ➲ Ameaças

Estratégia de domínio e autoritarismo que busca condicionar comportamentos ou atitudes, a partir da adoção de ameaças de reações punitivas, aflitivas e geradoras de grande ansiedade, insegurança e medo.

## ➲ Injustiças

As noções do bem e do mal são primariamente impressas no psiquismo infantil pelos pais e familiares próximos, assim como o senso de justiça nas relações do grupo social.

A criança que se vê às voltas com ações e comportamentos injustos repetitivos e propositais pode experimentar grande sofrimento e mágoa, mormente quando a ação é em seu detrimento e para benefício de outro, muitas vezes o irmão da preferência dos pais.

Aliás, essas preterições podem marcar indelevelmente a criança em sua autoestima e autoconfiança.

## 4.4 - Negligência

Os pais e responsáveis têm o dever de prover as necessidades básicas dos seus filhos e tutelados. Essas necessidades não são apenas as de ordem física – alimentares e de higiene, de saúde e de proteção – mas também as de ordem psicoafetivas.

A interação materno-filial tem importância vital para o bom desenvolvimento infantil, e a omissão neste sentido deve ser considerada como negligência precoce, capaz de desencadear transtornos relevantes.

A psicóloga Giana Bitencourt Frizzo[77], em artigo publicado na revista *Psicologia em estudo*, conclui que, nos casos de mães acometidas de depressão, os filhos costumam sofrer repercussões no terreno das emoções e de comportamento. Nesse artigo, ela esclarece:

*"A depressão parental pode afetar o desenvolvimento da criança, predispondo-a a problemas emocionais e de comportamento".*[78]

E mais:

*"A depressão materna afeta não só a mãe, mas também o bebê e até mesmo o próprio pai, tendo em vista a influência deste quadro no contexto familiar".*

Revela, mais ainda, que o pai pode neutralizar essas repercussões, aproximando-se mais da criança:

*"O pai poderia amenizar os possíveis efeitos da depressão materna para seus filhos, ao prover um modelo de interação sensível e responsivo às necessidades das crianças, quando sua esposa pode não estar conseguindo fazê-lo".*

---

[77] Psicóloga, mestra e doutoranda em Psicologia do Desenvolvimento, do Curso de Pós-graduação da Universidade Federal do Rio Grande do Sul.

[78] FRIZZO, Giana Bitencourt & PICCININI, César Augusto. - *"Interação mãe-bebê em contexto de depressão materna: aspectos teóricos e empíricos".* Psicologia em estudo, janeiro/abril de 2005, vol. 10, nº 1: Maringá, PR.

Em nossos dias, a negligência em relação aos filhos constitui comportamento disseminado, pois os pais estão cada vez mais se distanciando dos filhos, sob a falsa ilusão da qualidade das relações e do cumprimento de seus deveres pelo simples fato de suprirem as suas necessidades materiais.

Tive oportunidade de acompanhar um quadro de grave desnutrição em criança do sexo feminino, de dez anos de idade, em que francamente a genitora não a alimentava por puro descaso e comportamento hostil à criança. A princípio, imaginamos ser o problema resultante de miséria material profunda, porém o filho menor, de seis anos de idade, era bem nutrido, com peso e estatura maiores que os da sua irmã mais velha.

No caso, a mãe negligenciava ostensiva e voluntariamente o seu dever para com aquela criança.

# Capítulo IV

# Causas espirituais da depressão

# IV – Causas espirituais da depressão

Os transtornos depressivos são problemas de saúde que apresentam um leque de causalidades. Suas causas biopsicossocioculturais, no entanto, estão alicerçadas naquelas de origem ainda mais profunda: as espirituais.

O caro leitor poderá pôr em xeque esta afirmativa, argumentando estar a doença depressiva já muito bem explicada, do ponto de vista médico, com base nas alterações neuroquímicas e neuroanatômicas, de caráter hereditário, na forma de predisposição patológica e que, isso, de *per si*, já dispensaria a hipótese espiritual, até pelo fato do reconhecimento daquele caráter hereditário.

*Não haveria contradição e uma tentativa de forçar uma*

98 Depressão - doença da alma

*explicação espiritual para o problema, quando a hipótese biológica já o elucida satisfatoriamente...?* – Poderiam argumentar alguns.

A hipótese espiritual, no entanto, como veremos, não apenas é compatível com as demais, como, também, logra complementar e amplificar as outras considerações etiológicas[79].

Para um melhor entendimento da hipótese espiritista, faz-se imprescindível conhecer o pensamento espírita acerca da constituição do ser humano, o que decididamente leva-nos a concluir que a visão espírita da etiopatogenia[80] não é mística nem sobrenatural, pelo menos no que respeita ao significado comumente atribuído a esses dois vocábulos.

Isso quer dizer que a ciência e a filosofia espíritas adotam a lógica e a razão, demonstrando, em primeira instância, a concretude do Espírito, como ser circunscrito, não mais abstrato, esteada no modelo estrutural proposto pelos Espíritos Reveladores da Trindade Humana, em *O Livro dos Espíritos*[81]:

**SER HUMANO = ESPÍRITO** (o ser pensante) **+ CORPO FÍSICO** (instrumento para a sua ação no mundo material) **+ PERISPÍRITO** (corpo semimaterial e intermediário entre o Espírito e o corpo somático).

Quando se dá o fenômeno biológico da morte, o

---

[79] A etiologia, em Medicina, é o estudo das causas das doenças.

[80] Etiopatogenia é o ramo da Medicina que se preocupa com a origem e a evolução das enfermidades.

[81] KARDEC, Allan. – *O Livro dos Espíritos*. Trad. J. Herculano Pires. Livro Segundo, cap. II, q. 135-A, EME Editora: Capivari-SP.

Espírito encarnado (alma[82]) experimenta o processo da desencarnação, em que os laços fluídicos (semimateriais) que lhe prendem o perispírito ao corpo somático são desfeitos.

Em outras palavras: o Espírito desencarnado (livre da carne) perde o corpo biológico; porém, o seu corpo fluídico se mantém.

O perispírito, organização fluídica complexa, é dotado de plasticidade responsiva à ação do pensamento e da vontade, seja de forma consciente ou inconsciente, voluntária ou involuntária. Em decorrência disso, modifica-se e assume variadas formas conforme a postura mental do Espírito.

Como no momento evolutivo em que nos encontramos o homem se identifica fortemente com a indumentária orgânica, ao desencarnar, o Espírito tende a manter sua forma humana com as características anatômicas de sua última experiência reencarnatória.

# 1. Herança: biológica x espiritual

Enquanto encarnado, as atitudes e os comportamentos inadequados desenvolvidos pelo Espírito repercutem em seu corpo espiritual, produzindo modificações dos seus padrões vibratórios e uma deformação tecidual (anatomopatologia[83] perispiritual) nos campos relacionados e análogos àqueles da constituição física.

---

[82] O vocábulo *alma* apresenta significados amplos. Com objetivo didático, ele passa a ser usado, do ponto de vista espírita, para designar o Espírito enquanto encarnado.

[83] Modificações mórbidas do organismo; alterações da estrutura corporal, em decorrência de uma doença que se instala.

É, assim, por exemplo, que os suicidas conduzem consigo, para além do túmulo, as lesões orgânicas que lhe determinaram a morte expressas no perispírito.

Uma outra função da organização perispiritual é a de servir de molde para o desenvolvimento de um novo corpo físico durante o fenômeno da reencarnação, agindo magneticamente, sob o guante das leis de afinidade, do progresso e de causa e efeito. É dessa maneira que o corpo formado se ajusta às necessidades evolutivas específicas do Espírito, sendo, neste sentido, único e diferenciado.

Sabemos que cerca de 200 milhões de espermatozoides são lançados na direção do útero no intuito de viabilizar a gravidez, mas que somente um deles vence a grande maratona, pois, se levarmos em consideração o tamanho do gameta masculino e a distância a ser percorrida por ele, essa trajetória pode ser assim considerada.

Nem sempre, porém, o vencedor é o mais hábil, o mais capaz ou o melhor dos espermatozoides. Admite-se que o gameta vitorioso dê saltos magnéticos, supostamente apoiando-se sobre a massa dos demais. Nesse processo, a determinação do espermatozoide fertilizante é feita automaticamente pela simples presença do perispírito do reencarnante, em atuação involuntária e sob a regência das leis há pouco apontadas.

Então, de acordo com a saúde perispiritual ou sua disfuncionalidade vibratória, se estabelece uma identificação com os genes compatíveis com suas necessidades evolucionais, formando-se o novo corpo; nos casos disfuncionais, o corpo poderá apresentar repercussões mais profundas e imediatas ou comportar predisposição a certos estados nosológicos, a depender da responsabilidade, da intensidade e da cronicidade do problema que o indivíduo criou no usufruto de seu livre-arbítrio.

*Causas espirituais da depressão*

A predisposição patológica à depressão, por exemplo, assim como qualquer outra predisposição patológica, nem sempre precisa ser manifestada na existência do Espírito encarnado, podendo permanecer latente durante toda a vida. A doença, então, torna-se clínica na dependência de como reage o indivíduo às mais diferentes e específicas experiências patrocinadas pela vida no mundo material. É assim, que ela surge mais ou menos tarde, nessa ou naquela circunstância, sempre na dependência da forma como o Espírito a encara.

É bem verdade que há casos clínicos em que não se consegue encontrar relevância para um fato psicossocial, destacando-se o componente biológico. Isso ocorre exatamente porque são diferentes os graus daquela predisposição patológica, por estarem vinculadas, em proporcionalidade direta, aos fatores espirituais de temporalidade, cronicidade e responsabilidade ante as ações culminadoras nas alterações do novo corpo.

De acordo com toda essa teoria, a herança biológica nada mais é do que a simples consequência da herança espiritual, haja vista que o perispírito se modifica às expensas do Espírito que o organiza e mantém.

Não há, como se vê, nenhuma incompatibilidade entre as explicações biológica e espiritual. E, como dito antes, existe mesmo uma relação de continuidade hereditária, sendo cada individualidade herdeira de si própria – o que, convenhamos, é muito mais condizente com a Justiça Divina –, aprofundando as razões para a vulnerabilidade do indivíduo aos variados quadros enfermiços.

Pesquisas e estudos desenvolvidos por cientistas contemporâneos têm se aproximado da ideia de um modelo organizador das formas, tal como pensado pela filosofia espírita acerca do perispírito, como é o caso dos denominados campos morfogenéticos, descritos pelo biólogo inglês Rupert Sheldrake[84], em seus livros *A new science of life* (1981) e *O renascimento da natureza* (1991), assim definidos por ele:

*Os campos morfogenéticos são invisíveis estruturas organizadoras, capazes de formar e organizar cristais, plantas e animais, determinando até o seu comportamento.*

Para Sheldrake, esses campos morfogenéticos atuariam a partir de uma ressonância mórfica.

É nessa mesma linha que vamos encontrar a hipótese dos campos de vida (*life's fields*) formulada por Harold Saxton Burr[85] e sua equipe, em seus livros *The eletrodynamic theory of life* (1957) e *Blueprint for immortality* (1972).

## 2. Fatores endógenos (anímicos)

As causas espirituais propriamente ditas são as que dizem respeito às imperfeições ou distorções morais da própria individualidade e, por isso mesmo, podem ser ditas anímicas.

Essas dificuldades anímicas exteriorizam-se, na prática, a partir de uma agressão formal, intensa e repetitiva às leis naturais, resultando, a partir da compulsória reação de causa e efeito, em distúrbio doloroso, clamando atitude e mudança comportamental na busca de solução.

---

[84] Biólogo e filósofo inglês, autor de mais de mais de setenta e cinco trabalhos científicos e de dez livros.

[85] Prof. Harold Saxton Burr (1889-1973). Professor de Anatomia da Yale University School of Medicine, pesquisou durante quarenta anos sobre o assunto.

Causas espirituais da depressão 103

Esses mecanismos reativos nada têm de inflexível, não apresentando uma dureza pétrea, mas fazendo-se, a partir da repetição e intensidade do ato infelicitante em sua fisiológica ação corretora de rumos.

O Espírito Manoel Philomeno de Miranda[86] escreve através do médium baiano Divaldo Pereira Franco[87]:

*São os sexólatras, os violentos, os exagerados, os dependentes de viciações de qualquer natureza, os pessimistas, os invejosos, os amargurados, os suspeitosos incondicionais, os ciumentos, os obsidiados que mais facilmente transpõem os limites da saúde mental...[88].*

Didaticamente, podemos dividir os fatores etiológicos anímicos em:

## 2.1 – Imaturidade anímica

A reduzida capacidade anímica no tocante às suas possibilidades cognitivo-emocionais já predispõe aos desencontros com a dinâmica natural dos processos de equilíbrio geral, favorecendo o aparecimento de

---

[86] Manoel Philomeno de Miranda (1876-1942) – Espírita baiano, foi diretor da União Espírita Baiana por 21 anos. Presidia as reuniões mediúnicas do Grupo Fraternidade. No ano de 1970 ditou o seu primeiro livro, *Nos bastidores da obsessão*, de uma série sobre a temática obsessão/desobsessão, através das faculdades do médium baiano Divaldo Pereira Franco.

[87] Divaldo Pereira Franco. Médium e orador espírita, reconhecido internacionalmente, com vasta e importante obra psicografada por vários Espíritos.

[88] FRANCO, Divaldo P. / MIRANDA, Manoel Philomeno de (Esp.). – *Nas fronteiras da loucura*. Introdução, pg. 10. LEAL: Salvador-BA.

desequilíbrios físicos ou afetivos, dependentes e subordinados ao desenvolvimento da autoconsciência.

É assim que, nos animais irracionais e, portanto, incapazes de discernimento, a imperfeição é expressa como falha na administração dos processos biológicos (vitais) de manutenção da vida. Entenda-se, porém, que o princípio espiritual determinante da forma de vida, adquire, ao longo de suas inúmeras experiências, capacidade crescente de domínio do seu arcabouço biológico.

Nos casos de doença depressiva, a imaturidade psicológica do paciente, que, sabemos, tem bases fincadas não apenas na educação e nas experiências da reencarnação atual, mas, sobretudo, espelha a sua história evolutiva, encontra-se no âmago dessa causalidade.

## 2.2 – Sentimentos negativos

A incapacidade de gerenciar os próprios sentimentos é motivo de distúrbios da saúde.

Os sentimentos e as emoções podem ser classificados, de acordo com a sensação íntima que produzem, em positivos e negativos. Os primeiros se fazem acompanhar de bem-estar, quais sejam: amor, ternura, alegria, otimismo etc., enquanto os sentimentos negativos produzem mal--estar: tristeza, ódio, raiva, ciúme, inveja etc.

Evidentemente, em nossa situação de progresso anímico ainda muito acanhado, vivenciamos emoções e sentimentos negativos até com mais frequência do que os positivos, sendo praticamente impossível deixar de experimentá-los.

É exatamente sobre isso que se necessita refletir, pois, se não podemos deixar de tê-los em nosso psiquismo,

Causas espirituais da depressão

devemos nos esmerar para administrá-los, ou seja, dar-lhes um destino superior, dar-lhes um destino no sentido do bem que parte desde o aprendizado pessoal com a sua convivência, até a sua manipulação no exercício de comportamentos resultantes no bem. É o caso, por exemplo, da agressividade canalizada pelo cirurgião em atitude salvadora de vidas ou do soldado no campo de batalha, visando a proteção e a liberdade do seu povo.

Uma das maiores dificuldades no vivenciar das emoções negativas é, sem dúvida, o grau de afetação íntima, a partir de sua ação e repercussão sobre defeitos como o egoísmo, o orgulho e a vaidade, que nos modifica o tônus de entendimento e aprendizado, criando fulcro energético reverberatório e mórbido.

A manutenção das emoções e dos sentimentos negativos, distendendo-se no tempo e fincando-se no psiquismo, resulta costumeiramente em adoecimento.

São sentimentos relacionados com o eclodir da doença depressiva, na condição de elementos desencadeantes ou agravantes:

➲ Orgulho
➲ Ódio, mágoa, ressentimentos e desejo de vingança.
➲ Ciúme e inveja
➲ Sentimento de culpa
➲ Ganância e ambição desmedida

Todos esses estados íntimos podem estar presentes nos pacientes com quadro depressivo, tendo o orgulho como gerador primário de todos eles.

O orgulho é a doença do ego que, em furor narcíseo, elege-se destaque, enquanto reclama privilégios. Essa distorção autoanalítica que se baseia em potencialidades e relega o seu significado conjuntural provoca reações de revolta na própria direção e autopunitivas, capazes de destravar os mecanismos de equilíbrio psíquico e descortinar a potencialidade depressiva latente.

No livro *O valor terapêutico do perdão*[89] são apontadas pesquisas realizadas em países diversos que relacionam as emoções negativas com o eclodir de variados quadros patológicos, incluindo câncer e depressão.

Ódio, raiva, mágoa e ressentimento mantidos e ruminados pelo paciente têm ação lesiva sobre os tecidos perispirituais culminando na eclosão ou no agravamento de enfermidades comumente relacionadas com a patologia depressiva, tais como cardiopatia coronária e câncer, além de favorecer-lhe o surto, pela determinação de maior vulnerabilidade do paciente à doença.

A inveja e o ciúme, dois monstros destruidores da autoestima, são o resultado da preocupação excessiva do indivíduo com a possibilidade de ser preterido e, por isso mesmo, já denotam uma predisposição à autocomiseração e à incerteza quanto à sua importância e o valor pessoal. Representam reação paradoxal de egoísmo e orgulho inflamados.

A culpa é reação natural à compreensão de falência específica quanto ao dever relativo à convivência e à consciência. Representa engrenagem no mecanismo do arrependimento e da reparação. Porém, no instante atual do desenvolvimento anímico, há uma tendência a manter-se o Espírito em um estado de autorrecriminação, em que não aceita a possibilidade de erro, especialmente em função do egoísmo e do orgulho, que não admite a possibilidade do

---

[89] CAJAZEIRAS, Francisco. – *O valor terapêutico do perdão*. Editora EME: Capivari-SP.

*Causas espirituais da depressão* 107

erro, apesar de sua constatação. Perpetua-se de encarnação em encarnação, aparecendo como sintoma frequente nos transtornos depressivos, em franca desproporcionalidade às atitudes tidas como suas promotoras ou mesmo sem nenhuma razão definida, para a presente vida.

O comportamento materialista, assumido ou não, frequentemente desemboca em um vazio, exatamente porque os bens materiais, conquanto nos oportunize conforto e poder relativo, não logram fruir uma felicidade verdadeira. A alegria patrocinada pelo ter no mundo é tão efêmera como o são as riquezas mundanas. Assim, as pessoas que priorizam ou dão exclusividade a esse tipo de comportamento tendem a ser possuídas por um sentimento de ambição desmedida, em busca infrene e estereotipada, de ter cada vez mais. Isso, no entanto, não conduz ao resultado primariamente almejado, mantendo o vazio existencial e uma aridez anímica indutores de tristeza e mal-estar.

## 2.3 – Comportamentos equivocados

A grosseria dos sentimentos, ainda profundamente ancorados na sensorialidade orgânica, por sua vez motivada pela busca infrene pelo prazer desmedido e consequente a uma forte identificação com a forma e a função biológicas, resulta no desenvolvimento de hábitos e viciações nocivos, em evidente exploração da instintividade biológica pelo ser racional, em exercício do seu livre-arbítrio.

Não que o prazer, em si, deva ser evitado e entendido como uma transgressão à lei natural, posto que funciona como mecanismo de estimulação do espírito na consecução de sua ação e funcionalidade, enquanto ser encarnado.

108     Depressão - doença da alma

Porém, a preocupação compulsiva e a priorização dos prazeres materiais, por deslocar o foco das necessidades evolutivas e fisiológicas dos fins para os meios, dos objetivos para a sua instrumentalidade, costumam desaguar naquele mesmo vazio existencial como consequência da banalização e amesquinhamento dos propósitos de vida, a se destacarem na gênese das múltiplas expressões patológicas consentâneas com as características e particularidades de cada indivíduo.

Constituem os comportamentos equivocados mais destacáveis, na condição de fatores agravantes ou determinantes, nos surtos depressivos.

### ○ Vícios químicos

O problema do uso de drogas no mundo é daqueles para o qual a sociedade não tem logrado encontrar soluções satisfatórias e que suscita, inclusive, movimentos no sentido de sua legalização (descriminação), com a suposta intenção e falsa presunção de minimizar-lhe os efeitos. Destaque-se, porém, que não é pelo fato de uma droga ter o seu uso aceito e descriminado que ela deixa de ter repercussões negativas relevantes. A prova disso é o uso do álcool, que é, de acordo com dados estatísticos da Organização Mundial de Saúde (OMS)[90], a droga que causa os maiores índices de transtornos e mortalidade no mundo inteiro, além de ser a terceira doença mais letal no mundo inteiro. É que, liberado, o seu uso se expande cada dia mais, atingindo elevado número de pessoas, e tudo sob o amparo da lei e as "bênçãos" da sociedade, que avalizam esse enriquecimento de comerciantes e industriais.

---

[90] Dados de 2004.

Causas espirituais da depressão 109

Dentre as muitas consequências e repercussões deletérias que essas drogas provocam sobre a saúde individual e coletiva, destacamos aqui a indução aos surtos psiquiátricos.

É que essas substâncias agem sobre o sistema nervoso, alterando o funcionamento dos neurônios e produzindo mudanças no estado de consciência, o que oportuniza vivências psicoespirituais negativas, facilitadoras da ação deletéria de mentes desencarnadas também enfermadas, sobre os viciados, mercê de sintonias e afinidades.

Drogas como álcool e maconha podem ser as responsáveis pela indução de episódios depressivos, a curto, médio e longo prazo. O alcoolismo tanto pode induzir episódios depressivos, como ser utilizado na ilusória busca de neutralizar os sintomas depressivos, formando-se assim um círculo vicioso.

A propósito, pacientes deprimidos que usam bebidas alcoólicas têm risco aumentado para suicídio, de vez que a sua incidência é mais elevada nas duas situações.

O tabagismo, por sua vez, está relacionado com uma maior incidência do problema depressivo. Ora, as estatísticas apontam para um expressivo número de dependentes da nicotina, o que permite possamos entender a importância de sua relação com o transtorno depressivo.

Do livro *Neuroscience of psychoactive substance: use and dependence,* publicado pela OMS, em 2004, anotamos:

*Há diversos pontos de relação entre transtorno depressivo e tabagismo. Estudos têm demonstrado que mais de 60% de grandes fumantes têm uma história de doença mental (Hugues et al., 1986; Glassman et al., 1988) e que a prevalência do transtorno depressivo maior entre fumantes é duas vezes maior do que em não fumantes. Além do mais, fumantes, que têm uma história*

110 Depressão - doença da alma

*clínica de depressão, tiveram a metade dos resultados na tentativa de interromper o vício do tabagismo em relação aos pacientes sem história da doença (14% versus 28%) (Glassman et al., 1990).*[91]

O referido trabalho também relaciona um dos sintomas maiores do quadro depressivo – o rebaixamento do humor – como um dos mais destacados sintomas em pacientes com síndrome de abstinência ao tabaco, assim como relaciona o início do tabagismo como uma tentativa dos pacientes deprimidos de minimizar sua sintomatologia. Isto é, o uso crônico de cigarros está relacionado com uma maior incidência de transtorno afetivo do humor, assim como muitos pacientes com depressão iniciam-se no tabagismo. Vejamos o que os autores afirmam-nos textualmente:

*A maioria das pesquisas nesse campo admite o tabagismo como medida de "automedicação" para os sintomas depressivos; essa sintomatologia depressiva pode preceder o uso de cigarros ou ser influenciada pelo seu uso crônico (Pomerleau, Adkins & Pertschuk, 1978; Waal-Manning & de Hamel, 1978; Hugues et al., 1986; Glassman, 1993; Markou, Kosten & Koob, 1998; Watkins, Koob & Marcou, 2000).*[92]

## ➲ Sexolatria

O Espírito Emmanuel, pela psicografia do médium

---

[91] *World Health Organization. –Neuroscience of psychoactive substance: use and Dependence.* Pg. 181. WHO Library Cataloguing-in-Publication Data: Genebra-2004.

[92] Idem, ibidem.

Causas espirituais da depressão

mineiro Francisco Cândido Xavier, afirma no livro *Vida e sexo*[93]:

*Ante os problemas do sexo, é forçoso lembrar que toda criatura traz seus temas particulares, com referência ao assunto.*

Isso significa que, em matéria de sexo, cada um conduz as suas próprias dificuldades, em função das distorções comportamentais, do egoísmo ainda arraigado na alma e dos desequilíbrios na esfera da afetividade e dos sentimentos. Foi exatamente ao se dar conta dessa realidade que Freud desenvolveu a doutrina psicanalítica.

Mas o Espiritismo, já ampliara a compreensão e o entendimento da alma humana e do inconsciente, às expensas da elucidação do processo evolutivo transcendente à filogenia e do passado palingenésico com suas experiências armazenadas e resguardadas na intimidade do Espírito, a se refletirem na forma das tendências e inclinações pessoais que, no mais das vezes, desafiam as explicações psicossocioeducacionais do saber humano.

A sexualidade é o conjunto das expressões e comportamentos com que se manifesta o amor, compreendido como sentimento sutilizado e sublime, marca indiscutível de nossa filiação divina.

A estimulação para o desenvolvimento do amor nos Espíritos imperfeitos faz-se primariamente a partir das suas relações afetivas e sensoriais, conduzindo o Espírito ao seu

---

[93] XAVIER, Francisco Cândido/EMMANUEL, Espírito. – *Vida e sexo.* Cap. 1. Ed. FEB: Brasília-DF.

registro anímico e à identificação entre afeto e prazer, amor e anseio de felicidade.

Sob a regência da razão, tem o Espírito incumbência de construir o seu aprendizado a partir dos elementos comunitários, sob a regência das leis naturais que lhe sinalizam o caminho a percorrer em sua compulsória impulsividade evolucional.

O vocábulo *sexo*, em nossa atual condição humana, é visto unicamente como relação genital, uma das múltiplas formas de expressão da sexualidade.

Contemporaneamente, o ser humano goza o direito de escolher o parceiro ou a parceira com quem deseja compartilhar os dias e o lar, coisa que durante séculos e séculos não lhe era permitido. Isso se deve ao progresso dos costumes que culminou com a gênese do casamento, a tendência à monogamia e a formatação da família, relevantes marcas de aprimoramento do Espírito, como se ressalta em *O Livro dos Espíritos*[94].

Porém, em atitude paradoxal, premido pelo egoísmo, passa-se a explorar a genitalidade unicamente no sentido de lhe satisfazer a sensorialidade e os caprichos, descartando as possibilidades construtivas no que respeita aos ganhos afetivos, espirituais e sociais.

Cada vez mais o costume do "ficar", relação mais íntima sem compromisso, populariza-se e transforma--se no "sair", nas experiências sexuais excludentes do sentimento, da responsabilidade e do significado espiritual da conjunção carnal, haja vista que o encontro sexual não está isento de compromissos a se distenderem para além das fronteiras da visibilidade, regulamentado que é pelas

---

[94] KARDEC, Allan. – *O Livro dos Espíritos*, Livro III, Cap. III. Trad. J. Herculano Pires. Ed. EME: Capivari-SP.

*Causas espirituais da depressão* 113

leis de reprodução, de sociedade, de liberdade e de justiça, amor e caridade[95].

Pesquisas mais recentes revelam, no homem contemporâneo, uma tendência a permanecer solteiro, a viver solitário, mantendo uma vida sexual independente. Isso tanto para a população masculina quanto para a feminina.

A vivência desta sexualidade oca e subtraída de sua plenitude funcional, de prazer meramente epidérmico e adstrito unicamente à fisiologia organicista, aventuresca e destituída de compromissos com a vida, vai encarcerando a alma e produzindo efeito análogo ao que se dá em um grande sedento que busca saciar-se com as águas de um grande oceano: quanto mais bebe, mais lhe aumenta a sede, em agonia sem fim na busca da saciedade.

Os resultados dessa distorção do comportamento não se fizeram tardos em nossa sociedade, como documentam vários estudos médicos e psicossociais, na forma de adoecimento integral do ser com solidão, maiores riscos para múltiplas doenças, diminuição das expectativas de vida e transtornos mentais, em que se destacam os distúrbios ansiosos e os quadros depressivos.

A redução do número de relacionamentos familiares, a insatisfação da funcionalidade sexual, assim como também os acidentes dolorosos resultantes da irresponsabilidade e promiscuidade na atividade sexual, tais como a infecção pelo vírus da Aids e as gravidezes seguidas de abortos provocados, são sem dúvida nenhuma elementos de relevância na eclosão desses processos mórbidos tão presentes em nossa sociedade.

Há vários estudos que relacionam o aborto provocado

---

[95] Leis naturais, descritas e analisadas no Livro III, de *O Livro dos Espíritos*, capítulos III, VI e XI.

com depressão. Um deles é o do dr. David M. Fergusson, da Nova Zelândia, e colaboradores, publicado no *The journal of child psychology and psychiatry*[96], em que acompanhou 500 mulheres jovens previamente submetidas ao aborto. Os resultados são assim descritos:

> *Essas pacientes* (que se submeteram ao aborto) *tiveram elevadas taxas de subsequentes problemas de saúde mental,* **incluindo a depressão,** *ansiedade, comportamento suicida e uso de drogas.* (Grifos meus).

## 2.4 – Descompromisso e invigilância

Apesar de cerca de 85% da população mundial afirmar-se, de uma ou de outra forma, adepta de uma das diversas religiões, para a maioria isso não implica, no dia a dia, nenhuma mudança comportamental. Em verdade, vivemos sob a regência dos paradigmas materialistas, como se fôssemos unicamente corpos, seres restritos à lacuna temporal entre o nascimento e a morte. Daí, a ambição, os desregramentos, a procura infrene por fortes emoções, a eleição dos prazeres orgânicos em detrimento dos prazeres mais sutis da alma e dos sentimentos mais nobres.

Para o Espiritismo, a vida é teleológica, tem uma finalidade, objetivos específicos a cumprir. Vive-se para desenvolver potenciais anímicos, por meio das

---

[96] FERGUSSON, David M., HORWOOD, L. John & RIDDER, Elizabeth M. – *"Abortion in young women and subsequent mntal health"* in *The journal of child psychology and psychiatry,* vol. 47, Issue 1, page 16, January 2006.

Causas espirituais da depressão 115

oportunidades do cotidiano. Nossas existências terrenas são, por conseguinte, previamente planejadas; apresentam objetivos específicos e gerais, particulares e coletivos, sempre apontados na direção da perfeição relativa.

Cada experiência carnal está repleta de situações e vivências que nos conduzem à participação no processo pedagógico de autoaprendizagem, funcionando notadamente como instrumentos de avaliação do progresso anímico. Essa realidade encontra-se inscrita na consciência anímica (moral) de cada pessoa, mas não é reconhecida pela consciência psicológica para não ser motivo de distorção avaliativa.

A negação da própria essência espiritual ou o seu descaso, como uma decorrência da polarização das ações e atenções para as coisas do mundo, produzem um não-comprometimento com os valores de maior relevância da vida, assim como a atitude de invigilância, que terminam por causar distúrbios íntimos expressos na forma de enfermidades. Assim, de acordo com a vulnerabilidade específica de cada indivíduo, pode haver surto depressivo, até mesmo pela sensação anímica da ausência de propósitos e bases imortalistas dos quais o homem contemporâneo se tem distanciado, seja pela sua própria cupidez e apego à forma, seja pela dificuldade de encontrar nas religiões tradicionais apoio racional e consentâneo ao seu desenvolvimento intelectivo no desenvolvimento e consolidação da fé que lhe venha a sustentar quanto ao seu porvir.

## 2.5 - Distanciamento da missão

O planejamento reencarnatório é estruturado em três pilares, responsáveis pelo suprimento da necessidade evolutiva do Espírito em atividades e vivências que assumem três direções distintas: missão, provação e expiação.

Assim, a experiência reencarnatória faculta-nos a possibilidade de aprendizado em seu *modus operandi* e sistema avaliativo, no assim denominado processo provacional; possibilidade de recuperação e correção das falhas e desacertos presentes e pretéritos, inclusive perpetrados em outros instantes palingenésicos.

Além do mais, oportuniza-nos a participação nos fenômenos mesológicos, ecológicos, biológicos e psicossociais, contribuindo com a nossa força de trabalho na construção de uma ambiência e de uma sociedade cada vez mais capaz de oferecer as melhores condições de vida digna e fecunda e maiores possibilidades estatísticas e operacionais para a otimização dos processos reen-carnatórios. É o que denominam os Espíritos Reveladores, referindo-se à ação do ser reencarnado de *"enfrentar a sua parte na obra da criação"*.[97]

Cada alma traz, pois, em seu planejamento de vida, uma missão a desenvolver. Essa missão, é natural, está sempre em consonância com a própria capacidade do Espírito e, com grande frequência, circunscreve-se ao círculo de relações do seu executor. Então, é preciso que não se a compreenda como algo de extraordinário, uma missão abrangente e universal, como, por exemplo, a

---

[97] KARDEC, Allan. – *O Livro dos Espíritos*, Livro II, questão 132. Trad. J. Herculano Pires. Ed. EME: Capivari-SP.

*Causas espirituais da depressão*

missão de Jesus de Nazaré ou do próprio codificador da Doutrina Espírita, Allan Kardec. Mas, sim, como missões cotidianas familiares, profissionais, sociais, espirituais com ações e repercussões locais ou regionais. O fato é que cada um de nós está investido de uma atividade missionária.

Ao assumir, no entanto, o mandato corporal, o Espírito em larga frequência se fixa nas tendências auto-herdadas e distancia-se de suas responsabilidades missionárias, e, mesmo a despeito das oportunidades que se lhe apresentam no dia a dia, afasta-se delas, assim como da inspiração dos Espíritos Protetores, da utilização de familiares, companheiros e circunstantes por aqueles amigos da Espiritualidade Maior.

Ao se desdobrar nos momentos do sono ou de relaxamento mental e corporal, em que assume momentânea e parcialmente sua condição de Espírito livre da consciência psicológica decorrente da sua personalidade terrena, o ser se dá conta daquilo que lhe é devido no desempenho de suas atividades na vida terrena, mas nem sempre consegue tirar proveito dos impulsos e desejos positivos presentes ao assumir o seu estado de consciência.

Esse distanciamento da missão, por sua acomodação nas coisas mundanas que lhe são mais prazerosas e por sua incapacidade e fraqueza de se deixar empolgar por aqueles impulsos íntimos, pode desencadear estados depressivos naqueles que já trazem consigo dificuldades e predisposições nesse campo.

## 2.6 – Ecos reencarnatórios

A personalidade humana, analisada sob a luz da

psicologia espírita, é o resultado da fusão e integração entre os elementos genéticos, psicoeducacionais e sociais no presente, catalisados por seus elementos anímicos mais profundos constituídos por características comuns e particulares do ser-em-si, a partir de vórtices que fazem o elo do passado reencarnatório com o futuro determinista.

Os contraditores da reencarnação quase que universalmente surpreendem-se com o esquecimento do passado, alegando não haver sentido, especialmente no que diz respeito aos resgates de uma vida não lembrada e, no entanto, é exatamente este esquecimento que nos permite agir mais livremente, no dizer dos Espíritos Superiores, em *O Livro dos Espíritos*:

*Pelo esquecimento do passado ele é mais ele mesmo*[98]. Ou seja, o Espírito encarnado age mais por conta própria, mais em sintonia com o aprendizado que já efetuou. Sua ação não é um mero simulacro.

Por outro lado, não sabendo exatamente o que fez e o que foi em outras experiências reencarnatórias, o Espírito não está submetido a sentimentos negativos que poderiam dificultar-lhe a marcha ascensional e as relações com familiares, amigos e pessoas próximas, tais como: orgulho, vaidade, desânimo, inferioridade, vergonha, culpa, ódio etc.

Apesar de tudo, a despeito de ter o Espírito à sua disposição um livro da vida, com páginas brancas para escrever a sua própria história, não há uma desvinculação com o seu passado, mesmo porque aquilo que lhe caracteriza o ser em caminhada evolutiva influencia-o sob a forma de pulsões do inconsciente, tendências, gostos e afinidades e, como já vimos antes, encontra-se na base das reações

---

[98] Idem, ibidem, questão 392.

Causas espirituais da depressão

biofisiopsicológicas e sociomorais que lhe administram a formação da personalidade.

De modo que não se está livre das experiências transatas, que se mostram capazes de fazer eco na atualidade do ser, seja na repetição de situações problema, em vivências análogas, seja nos processos de aprendizado que necessitam de bases de conhecimento outrora realizados para se efetivarem.

É, a partir daí, que se fazem muitos surtos depressivos, como ressonância dessas distonias e desequilíbrios passados, quando do enfrentamento dos problemas anteriormente planejados para a vida presente. Não tendo a alma aproveitadoas oportunidades de conhecimento e fortalecimento que a vida lhe patrocinou, a partir de oportunidades múltiplas e repetitivas, desequilibra-se e adoece. São as depressões resultantes dos ecos palingenésicos.

## 3. Fatores exógenos

A sabedoria divina determina-nos a convivência, através da lei de sociedade, fazendo-nos seres gregários e, por conseguinte, carentes da vida em grupo, dos ensaios sociais para o êxito dos nossos anseios existenciais de felicidade. Cabe-nos, então, o entendimento de que só lograremos nos situar nas melhores condições para erigir a iluminação espiritual, quando nos unirmos e compartilharmos em uníssono dos passos e ações. A felicidade é um estado íntimo e pessoal que se faz a partir do compartilhar sentimentos e do fazer felizes aos outros.

As nossas relações, porém, não se dão unicamente através da interação visível e concreta das nossas ações, atitudes e da indumentária orgânica. Estamos mergulhados em um mar fluídico manipulável consciente ou inconscientemente, voluntária ou involuntariamente pelo pensamento e o sentimento.

É por isso mesmo que nos influenciamos reciprocamente, encarnados e desencarnados, ainda quando não o saibamos (ou não o desejemos racionalmente), vinculando-nos através da lei de afinidades e de um determinismo solidário, embora não tenhamos consciência dessa lei, o que fatalmente repercute dolorosamente.

Tal interação e envolvimento criam uma atmosfera psíquica com potenciais objetivos de ação sobre nós, responsabilizando-nos pelas companhias que engendramos. Diante disso, podemos falar de fatores exógenos, na gênese da doença depressiva, em desdobramento para além das causas identificáveis no mundo invisível.

São fatores exógenos: a contaminação fluídica, o assédio espiritual, o vampirismo e a obsessão espiritual.

## 3.1 – Contaminação fluídica

A convivência próxima e demorada com pacientes em estado depressivo pode resultar em surto da doença em algumas pessoas, notadamente da mesma família. Isso naturalmente é atribuído a uma maior probabilidade estatística no caso de familiares, muitas vezes passando pelo mesmo fator psicossocial agravante, de tal modo que se tem dado pouca relevância a essas situações.

Analisando essas ocorrências com base no conhecimento espírita acerca das relações fluídicas e espirituais, sabemos que todo ser vivo apresenta campo fluídico próprio, atributo este que lhe é dado pelo

## Causas espirituais da depressão

perispírito, sob o comando involuntário e automático do foco espiritual, que se costuma denominar aura[99].

Além disso, em atividade psíquica – pensamento e emoção –, o Espírito manipula fluidos, conferindo-lhes características próprias consoantes à sua situação evolutivo-emocional, agindo desta forma sobre a ambiência e, inclusive, sobre os demais seres vivos. Essa ação, no mais das vezes, é completamente involuntária e inconsciente, podendo, no entanto, tornar-se consciente e voluntária.

A esse respeito, vejamos as considerações de Allan Kardec, em seu livro *A Gênese – Os milagres e as predições segundo o Espiritismo*:

*O pensamento e a vontade são para o Espírito o que a mão é para o homem. Pelo pensamento, ele imprime a esses fluidos tal ou tal direção(...); muda-lhe as propriedades (...).*

*Algumas vezes, essas transformações são o resultado de uma intenção; frequentemente, elas são o produto de um pensamento inconsciente (...).*[100]

E, ainda:

*(...) O pensamento pode modificar as propriedades dos fluidos. É evidente que eles devem estar impregnados de qualidades boas ou más dos pensamentos que os colocam em vibração, modificados pela pureza ou impureza dos sentimentos. (...).*[101]

---

[99] Embora o termo "aura" não seja um dos componentes terminológicos da ciência espírita, ele é bastante utilizado no movimento espírita com esse significado de atmosfera espiritual emanada a partir de cada Espírito, seja encarnado ou de desencarnado.

[100] KARDEC, Allan. – *A Gênese (Os milagres e as predições segundo o Espiritismo)*. Trad. Salvador Gentile. Cap. XIV, item 14. IDE: Araras-SP.

[101] Idem, ibidem. Cap. XIV, item 16.

Assim, pode-se explicar espiriticamente como o estado psíquico de uma pessoa pode afetar uma outra. Essa influenciação, porém, faz-se em proporção variável – de desprezível a intensa –, a depender naturalmente de fatores como afinidades, vulnerabilidades espirituais ou simplesmente invigilâncias.

Em relação à problemática depressiva, pode acontecer a contaminação fluídica, aqui classificada como uma causa espiritual da doença.

Nas últimas décadas, porém, psicólogos e neurocientistas acenam-nos com a realidade da influenciação "emocional" entre as pessoas.

Daniel Goleman[102], em sua obra *Inteligência emocional*[103], reporta-se ao fenômeno fisiopsicológico que vem sendo conhecido com a designação "contágio emocional".

Ele narra uma situação ocorrida no início da Guerra do Vietnã, quando um grupo de seis monges, "equilibrados e calmos", cruzou serenamente a linha de fogo. Os combatentes não mais atiraram e, depois, simplesmente perderam o desejo de combater, encerrando as atividades bélicas naquele momento. Após a narrativa do fato, Goleman considera:

*O poder que esses monges tranquilos e corajosos exerceram na pacificação dos soldados, no calor do combate, ilustra um princípio básico da interação entre as pessoas: as emoções são contagiantes. É evidente que essa história assinala um extremo.*

---

[102] Daniel Goleman – Psicólogo e escritor norte-americano, redator científico do jornal *The New York Times*. Ex-editor da revista *Psychology Today* e ex-professor de Psicologia da Universidade de Harvard.

[103] GOLEMAN, Daniel. – *Inteligência emocional*. Trad. Marcos Santarrita. Ed. Objetiva: Rio de Janeiro-RJ.

*Causas espirituais da depressão* 123

**A maior parte do contágio emocional é muito mais sutil,
parte de um tácito intercâmbio que ocorre em qualquer
interação com o outro.**[104] (Grifos meus).

John Cacioppo[105], citado por Goleman, afirma sobre a
contaminação emocional:

*Basta ver alguém manifestar uma emoção e já evocamos em
nós esse estado de espírito, quer percebamos que estamos imitando
a expressão facial ou não; há uma dança, uma sincronia, uma
transmissão de emoções. Essa sincronia de estados de espírito
é determinante para que sintamos se uma interação foi boa ou
não.*[106] (Grifos meus).

Em outro momento, ainda dentro do mesmo capítulo:
*A arte de viver em sociedade*, o autor faz referência aos
*"estudos de transmissão e sincronia de estados de espírito"*, de
Frank Bernieri, psicólogo da Universidade do Estado de
Oregon:

*(...) Num estudo de sincronia física, mulheres deprimidas
foram a um laboratório com seus namorados e discutiram um
problema que havia no relacionamento delas. Quanto mais
estreita a sincronia não verbal entre os casais nesse nível, pior
o estado dos namorados das deprimidas depois da discussão
– haviam contraído o negativismo das namoradas. Em suma,
quer as pessoas se sintam alegres ou deprimidas, quanto mais*

---

[104] Idem, ibidem. Parte II, Cap. 8.
[105] John T. Cacioppo – Psicofisiologista, diretor e professor da
Universidade de Chicago. Foi professor na Universidade de Iowa e
de Ohio.
[106] Apud GOLEMAN, Daniel. Opus cit. Parte II, Cap. 8.

124 Depressão - doença da alma

*fisicamente sintonizados os seus contatos, mais assemelhados se tornarão seus estados de espírito.*

A constatação pelos estudos psicológicos da veracidade da influenciação emocional vem sendo corroborada por alguns neurocientistas, em sua busca de encontrar as bases biológicas para as funções e disfunções do sistema nervoso. O dr. Richard M. Restak[107], no livro intitulado *Seu cérebro nunca envelhece,* reporta-se a esses estudos, afirmando:

*Os neurocientistas descobriram recentemente a existência de "neurônios-espelho" no cérebro de macacos, que entram em ação tanto quando os animais executam certos movimentos como quando apenas observam outros realizando os mesmos movimentos. Evidências inquestionáveis sugerem um processo semelhante de espelhamento nos seres humanos: certas células nervosas são ativadas tanto durante a prática de uma atividade quanto na observação de outra pessoa a realizá-la.[108]*

A partir dessas observações é que se percebeu ocorrer o mesmo quando da observação do comportamento emocional dos outros. Sobre a influência das emoções, assim se posiciona o dr. Richard Restak:

*(...) Se você quer realizar algo que exige determinação e resistência, procure cercar-se de gente com essas qualidades. E procure limitar o tempo que passa com pessoas dadas ao*

---

[107] Dr. Richard M. Restak. Médico neuropsiquiatra e neurologista. Professor do Centro Médico da Universidade George Washington.
[108] RESTAK, Richard. – *Seu cérebro nunca envelhece.* Trad. Dinah de Abreu Azevedo. Cap. 2, pg. 42. Editora Gente: São Paulo-SP.

*pessimismo e a expressões de futilidade.* **Infelizmente as emoções negativas exercem influência muito maior sobre as situações sociais do que as positivas,** *graças ao fenômeno do contágio emocional.*[109] (Grifos meus).

A conclusão do dr. Restak sobre o porquê da maior influência das emoções negativas sobre as situações sociais estar vinculada ao fato do contágio emocional não me parece aceitável, haja vista que este contágio se dá, como já vimos, independentemente do tipo de emoção. Por isso, sua justificativa parece-me falha.

Do ponto de vista doutrinário, o que se dá é que, estando ainda não capacitada para o exercício espontâneo do bem, apesar de não se manter no exercício voluntário do mal, grande parte da população torna-se muito influenciável à ação de qualquer estimulação. Como em nosso planeta os maus são mais audaciosos do que os bons, e as atitudes daqueles mais divulgadas do que as atitudes destes, há esse predomínio da má influenciação.

Por outro lado, apesar de nos reunirmos a partir das nossas afinidades e naturalmente nos sentirmos mais à vontade com os afins, a vigilância e a vontade, associadas ao esforço de melhoramento íntimo, são capazes de neutralizar ou minimizar os efeitos das vibrações negativas, do arrastamento emocional negativo.

## 3.2– Assédio espiritual

A vida se desdobra para aquém do berço e para

---

[109] Idem, ibidem, pg. 43.

126 Depressão - doença da alma

além do túmulo. Sendo assim, de onde viemos e para onde vamos. Ora, os Espíritos estão situados em diferentes dimensões existenciais que se complementam, se interpenetram e se influenciam. De um modo geral, costuma-se simplificar tudo isso, no meio espírita, referindo-se a duas situações existenciais: o mundo físico e o mundo invisível ou espiritual. Esta distinção não deve, porém, ser interpretada como instâncias de separação estanque, posto que se relacionam e são, na verdade, um *continuum* existencial. Sobre isso, Allan Kardec se reporta na *Revista Espírita*[110]:

*(...) Os mundos visível e invisível se penetram e alternam incessantemente; se assim podemos dizer, alimentam-se mutuamente; ou, melhor dito, esses dois mundos na realidade constituem um só, em dois estados diferentes. Essa consideração é muito importante para compreender-se a solidariedade entre ambos existente.[111]*

Os Espíritos constituem "uma das potências da natureza", segundo o notável missionário de Lyon, influenciando-nos e interagindo conosco normalmente, participando mesmo do nosso cotidiano. Isso está anotado em *O Livro dos Espíritos*, como podemos ver nos textos abaixo[112]:

*Os Espíritos exercem sobre o mundo moral e mesmo sobre*

---

[110] KARDEC, Allan. *"Revista Espírita – Jornal de Estudos Psicológicos"*. Trad. Júlio Abreu Filho. EDICEL: Sobradinho-Brasília.
[111] Idem, ibidem. Janeiro de 1862, pg. 356.
[112] KARDEC, Allan. – *O Livro dos Espíritos*. Trad. J. Herculano Pires. Introdução, item VI. EME Editora: Capivari-SP.

*o mundo físico uma ação incessante. Agem eles sobre a matéria e sobre o pensamento e constituem uma das forças da natureza (...). As relações dos Espíritos com os homens são constantes. Os bons Espíritos nos convidam ao bem, nos sustentam nas provas da vida e nos ajudam a suportá-las com coragem e resignação; os maus nos convidam ao mal: é para eles um prazer ver-nos sucumbir e cair no seu estado.*

A atuação espiritual no cotidiano assume, comumente, um caráter velado, a nos testar o compromisso com o Bem ou a identidade com o mal, diferenciando-se, dessa forma, da mediunidade propriamente dita, em que o pensamento e a vontade do comunicante do invisível mostram-se objetiva e ostensivamente.

Nos encontros com os desencarnados, vezes há em que Espíritos imperfeitos iniciam perseguição com o intento de nos agredir e nos prejudicar, arquitetando vinculações desfavoráveis e envolvendo-nos com o seu pensamento, as suas emoções e a sua ação fluídica nocivos. Quando não logram dar curso às suas intenções ou desistem delas por se verem atraídos por outras vivências, a perseguição tem fim. A esse tipo de influência negativa fugaz, de caráter agudo e limitado no tempo, designaremos assédio espiritual.

O assédio espiritual é situação das mais corriqueiras em nosso planeta, atingindo praticamente todas as pessoas em momentos vários da vida, exatamente como uma decorrência da situação evolutiva dos seus habitantes, posto que, sendo a Terra classificada pelos Espíritos como "mundo de expiações e provas", há prevalência do mal sobre o Bem.

No caso de Espíritos detentores de distúrbios afetivos ou que tenham manipulado dolosamente pensamentos e vibrações de pessimismo, de tristeza e de desestímulo, em pessoa com predisposição à doença depressiva, pode eclodir o problema, ainda que o Espírito perseguidor se tenha afastado.

## 3.3 – Vampirismo

A morte não transforma a pessoa naquilo que lhe caracteriza como pensamento e afinidades. É ilusão imaginar-se que após a morte o indivíduo modifica a sua atitude, o seu comportamento ou as suas características.

Sem dúvida alguma que, livre da ação restritiva da sensibilidade exercida pelo corpo físico, o Espírito põe--se em condição de amplificar sua visão acerca da vida. Porém, a fixação mental, os hábitos terrenos e notadamente as viciações costumam reter o Espírito em um sistema de necessidades fictícias que o impedem de assumir a sua condição de Espírito desencarnado.

É assim que, mesmo desencarnado – mas agrilhoado aos motivos de suas paixões terrenas –, o Espírito busca a manutenção dessas vivências sensoriais.

Nessa busca, aproxima-se por afinidade de pessoas que possam usar como intermediário na consecução dos seus propósitos e necessidades, mantendo com elas relações mentais e perispirituais profundas e complexas.

Ao fenômeno de espoliação parasitária imposto por um desencarnado a um encarnado passou-se a designar, no meio espírita, de vampirismo. Nesse caso, o Espírito explora a afinidade e a pouca capacidade de resistência do parasitado, utilizando-se indiretamente das energias, das emoções e das sensações materializadas às expensas da indumentária orgânica do encarnado, passando a usá--la como se lhe pertencesse, em detrimento da integridade do parasitado.

Causas espirituais da depressão

A ação vampiresca desses Espíritos pode ser voluntária ou involuntária, consciente ou inconsciente.

O professor J. Herculano Pires[113], em seu livro *Vampirismo[114]*, tratando dessas relações, esclarece:

*A lei é a mesma do parasitismo vegetal e animal. A entidade espiritual parasitária procura ajustar-se ao parasitado, na posição de uma subpersonalidade afim. Ambos vivem em sintonia, mas o parasita à custa das energias do parasitado, cujo desgaste naturalmente aumenta de maneira progressiva.[115]*

Dessa forma, pacientes deprimidos que desencarnam por esse ou aquele motivo, notadamente através do suicídio, costumam manter-se enfermados e se insinuam, no mais das vezes de maneira involuntária e inconsciente, na direção de familiares ou amigos, absorvendo-lhes as energias fisiopsíquicas, vampirizando-os e envolvendo-os na dimensão do distúrbio afetivo que lhes perturba e caracteriza. Esse envolvimento tende a repercutir negativamente sobre o estado de ânimo do encarnado e a determinar-lhe quadro clínico típico de um surto depressivo ou, até mesmo, a partir de ressonância espiritual, funcionar como fator desencadeante de um surto depressivo.

## 3.4 – Obsessão

Um dos capítulos mais complexos e mais extensos do

---

[113] José Herculano Pires (1914-1979) – Jornalista, professor, escritor e filósofo espírita, paulista, definido pelo Espírito Emmanuel, por meio do médium Francisco Cândido Xavier, como *"o metro que melhor mediu Kardec"*.

[114] PIRES, J. Herculano. – *Vampirismo*. Ed. Paideia: São Paulo-SP.

[115] Idem, ibidem. Cap. II.

130 Depressão – doença da alma

estudo das relações interpessoais e interdimensionais em nosso mundo é indiscutivelmente o que trata do problema obsessivo, seja pela sua incidência e prevalência, seja por seus componentes genésicos e por suas consequências. Allan Kardec com o seu reconhecido tato investigativo é quem dá início às observações e aos estudos desses relacionamentos enfermados, legando relevante contribuição ao seu entendimento, tanto no que tange à sua definição e às suas causas, como também no que respeita às suas características, prevenção e tratamento.

As obsessões são sérios e dramáticos processos morbosos da alma, compostos de elementos anímicos e sociais, responsáveis pela manutenção de grande sofrimento ao longo das múltiplas existências rumo à felicidade. Apresentam-se como o resultado de relações intensamente conflitadas entre duas ou mais individualidades vinculadas por experiências negativas e dolorosas emoções, no desempenho de papéis ativos e passivos, como perseguidor e perseguido, designados, respectivamente, de obsessor e obsedado.

Na concepção kardeciana, a obsessão caracteriza-se por uma:

*Ação persistente que um Espírito mau exerce sobre um indivíduo. Apresenta **caracteres** muito diferentes, **que vão desde a sua simples influência moral, sem perceptíveis sinais exteriores, até a perturbação completa do organismo e das faculdades mentais.**[116] (Grifos meus).*

---

[116] KARDEC, Allan. – *A Gênese – Os milagres e as predições segundo o Espiritismo*. Trad. Salvador Gentile. Cap. XIV, item 45. IDE: Araras-SP.

Assim, classicamente, a obsessão pode ser definida como uma perseguição voluntária, solerte e persistente da parte de um Espírito mau em relação a um encarnado, que logra se impor sobre sua pretensa vítima, manipulando--a dolosamente, influenciando-a negativamente ou dominando-a despoticamente.

O Espírito obsessor age premeditadamente, com a intenção objetiva ou subjetiva de agredir e fazer sofrer, maltratar ou punir, haja vista que em sua grande maioria essa perseguição resulta de um desejo de vingança, em resposta a atitudes e feitos cometidos pelo obsedado – seja em outras existências físicas (o mais usual), seja mesmo na existência atual – e sofridas ou entendidas pelo obsessor como lhe tendo sido prejudiciais e/ou ofensivas.

As causas da doença obsessiva, porém, não se encontram polarizadas na ação, na disposição e no desejo do Espírito obsessor, mas especialmente pela existência no obsedado de elementos pessoais que o tornam vulnerável ao acometimento pelo problema. Fazendo uma relação análoga, podemos dizer que, assim como uma pessoa, em geral, contrai uma infecção em decorrência de uma baixa capacidade de defesa orgânica, como resultado de uma fragilidade do seu sistema imunológico, o obsedado conduz consigo importantes distúrbios espirituais e psicossociais que o tornam mais suscetível ao envolvimento obsessivo.

Dentre tais distúrbios, destacamos: débitos espirituais pretéritos pelo abuso e a irresponsabilidade para com outros, sentimentos de culpa e tendência à autopunição, ao descomprometimento e à invigilância, além de comportamentos bizarros, negligentes e antinaturais.

Como se vê, não há exatamente agressor e vítima, senão do ponto de vista da ação momentânea, mas sim Espíritos enfermos, em relações tumultuadas de parte a parte, todos carentes de assistência e tratamento espirituais.

São tantos os planos e estratégias engendrados pelo Espírito perseguidor, em sua sanha destruidora, que este pode, muitas vezes, incluir o concurso de outros Espíritos mais capacitados e/ou especializados no mister de criar certos transtornos psicológicos, mentais, sociais e corporais, para a consecução desse desiderato de vingança e de afligir.

Esses planos costumam associar-se aos deslizes cometidos pelo obsedado no passado e às suas fragilidades espirituais, materializadas nas predisposições patológicas resultantes daqueles deslizes.

A ação de Espíritos vingativos e maus sobre pessoas vulneráveis pode dar origem a quadros obsessivos os mais variados, que tantas vezes são confundidos com os transtornos mentais catalogados pela Medicina. Muitos pacientes psiquiátricos sofrem, pois, do mal obsessivo, apesar de — pelo fato de toda doença ter como base etiológica a problemática do Espírito — haver com frequência grande dificuldade de proceder a uma diagnose mais exata, por conta da associação e superposição desses estados, como analisaremos adiante.

Há quadros clínicos de depressão, cuja causa é extrínseca, resultante de um envolvimento obsessivo espiritual.

O *modus operandi* do envolvimento obsessivo apresenta linhas gerais, que podem ser assim sintetizadas:

## ➲ Aproximação e envolvimento fluídico

Aproveitando-se de um momento de invigilância mental e espiritual da sua vítima, que pode ser um estado de

*Causas espirituais da depressão* 133

forte destempero emocional, crise na sua crença, decepção e envolvimento em atividades negativas e perniciosas, o Espírito perseguidor aproxima-se de seu desafeto e o envolve com o seu pensamento, enlaçando-o em suas vibrações e com o seu campo magnético, reforçando-lhe a insatisfação, o desequilíbrio e o desconforto, com a sua presença.

## ⊃ Interação perispiritual

Após ser consumada a primeira etapa, o obsessor trata de relacionar mais profundamente a sua organização perispiritual com a do encarnado, em indiscutível contato mediúnico[117], que lhe permite maior intimidade e maior influenciação do ponto de vista neuroendócrino e mental.

## ⊃ Indução mental

Com a relação mediúnica aberta e contínua – apesar de não reconhecida como tal pelo paciente encarnado, na maioria dos casos – o obsessor parte para a modulação do pensamento, dos sentimentos e das sensações do paciente, o que, em geral, culmina em conflito íntimo, instabilidade emocional e esforço por negação e neutralização, como resistência natural à invasão psíquica em processamento.

---

[117] Toda comunicação entre os mundos visível e invisível constitui-se em uma relação mediúnica, independentemente da ostensividade e da caracterização de mediunidade propriamente dita. É o que podemos denominar de mediunidade natural que, em nosso momento evolutivo, ainda se encontra em estado incipiente. A relação mediúnica obsessiva deve ser considerada como **mediunidade patológica**.

## ➲ Afloramento de vivências negativas no inconsciente

Detendo poder cada vez mais consistente sobre a mente do obsedado, o perseguidor, que conheça o passado reencarnatório da sua vítima, induz à superficialização de material do seu inconsciente para o consciente, resultando em grande confusão, que pode se exteriorizar como quadros de ilusão ou alucinação, aprofundando o estado de perturbação e desequilíbrio.

Essas "lembranças", não conscientizadas como tais por imenso número de obsedados, são associadas a situações atuais da vida do paciente, distorcendo a realidade pela certeza que o paciente tem de suas vivências no agora. É assim que podem entender-se criminosos, quando retomam vivências pretéritas de crimes perpetrados, desenvolvendo medos, culpas e outros sentimentos.

De outras vezes, podem acusar familiares ou amigos de delitos ou comportamentos indevidos, como traições, por exemplo, certos de sua atualidade.

## ➲ Domínio sobre a vontade

Ante a invasão paulatina e contínua do seu psiquismo, o paciente confuso, atônito e fragilizado, capitula diante da ação obsessiva, deixando manietar a vontade e passando a viver sob controle, com estados variáveis de consciência.

## ➲ Domínio físico

O processo se conclui com o domínio completo do agressor sobre a vítima, em que até mesmo o seu corpo passa a ser controlado mercê da sua vontade.

*Causas espirituais da depressão*

É bem verdade que a obsessão não necessariamente evolui até o completo domínio do obsessor, seja pela resistência mais acentuada do paciente, seja pela estratégia do obsessor ou por sua incompetência, haja vista que muitos obsessores não têm um conhecimento técnico sobre a obsessão, realizando-a de forma automática, a partir do forte desejo de impor-se sobre o enfermo encarnado.

Allan Kardec divide didaticamente os quadros obsessivos, de acordo com a intensidade do seu domínio, em:

### ➲ Obsessão simples

Quando o processo atém-se a uma perseguição mental e uma presença incômoda e persistente no dia a dia.

### ➲ Fascinação

No caso de o obsessor desmantelar a capacidade de discernimento do paciente, causando-lhe uma visão das coisas de acordo com as conveniências, subvertendo a ordem de valores e perspectivas da realidade.

### ➲ Subjugação

Representada pelos quadros de domínio físico e moral.

Nas estratégias que objetivam a instalação de quadros clínicos de depressão, os articuladores do invisível, após a aproximação e o envolvimento espiritual em psicosfera de negativismo e desânimo, desenvolvem plano de ação com rebaixamento de humor, pensamentos derrotistas, distúrbios dos sentimentos, com repercussões sobre o sistema nervoso e as respectivas áreas relacionadas com as funções psíquicas específicas. A ação obsessiva desse naipe pode desenrolar-se em dois caminhos que se podem fundir:

a) Funcionar como mecanismo indutor para um surto depressivo, em pacientes com predisposição a este transtorno afetivo.

b) Resultar em estados psíquicos compatíveis com quadros depressivos, a partir da indução anímica sobre o psiquismo.

Há situações em que os obsessores vinculam Espíritos vampirizadores com doença depressiva, para promover uma estimulação contínua de mentes enfermas sobre a vítima.

Capítulo V

Autoestima
e saúde

# Capítulo V

# Autoestima e saúde

# V – Autoestima e saúde

Uma comprometedora redução da autoestima é sintoma dos mais presentes dentre aqueles experimentados pelos pacientes com doença depressiva, a ponto de ser utilizado por Sigmund Freud como sintoma diferencial entre luto fisiológico e doença depressiva.

A autoestima pode ser definida como a capacidade desenvolvida pelo ser de autocompreender-se como individualidade, com lugar definido no mundo, o que lhe permite ampliar a capacidade de autodirecionamento, pelo reconhecimento das próprias tendências e limitações.

É, também, o estado mental de autoaceitação, a

142 Depressão - doença da alma

atitude de autoconfiança, pelo autoconhecimento e o reconhecimento da perfectibilidade que se lhe faz inerente.

Compenetrando-se de sua essência, o ser vislumbra os potenciais de que é dotado e, embora reconhecendo o seu instante evolutivo, o seu grau de adiantamento anímico, logra projetar-se nas malhas do tempo e antever seu futuro de plenitude.

A partir disso, assume as responsabilidades que lhe cabem e dispõe-se a caminhar e a operar na busca da felicidade. Além disso, pela certeza de sua condição de **ser--em-construção**, tem maior flexibilidade para as mudanças e disposição para corrigir passos e comportamentos equivocados, sem apegos ou receios, desde que os reconheça.

Acima de tudo, a autoestima é o desabrochar do amor por si próprio, a aceitação da própria capacidade criadora e realizadora e o autorrespeito. É o estado íntimo que permite a autovaloração consciente e equilibrada com reforço da autovalorização. Em suma, é o reconhecimento da autoperfectibilidade e do seu direito à felicidade.

## DA INDIVIDUALIZAÇÃO À INDIVIDUAÇÃO

*Toda a lei e os profetas resumem-se em amar. Amar a Deus sobre todas as coisas e ao próximo como a si mesmo.* [118]

Jesus afirma, no excerto evangélico acima, que o Amor é o destino de todo Espírito e que, por isso, resume toda a lei e todos os ensinamentos ministrados pela Espiritualidade Superior, através das revelações mediúnicas, em todos os tempos e em todos os lugares.

---

[118] O Evangelho segundo Mateus, Cap. XXII: 34-40.

*Autoestima e saúde* 143

A equipe espiritual responsável pela elaboração da Doutrina dos Espíritos[119], através da mesma mediunidade reveladora, desenvolve raciocínio acerca do progresso geral em todas as instâncias do Universo, abrangendo todas as criaturas, desde aquelas mais incipientes, mais primitivas, até as que se situam em patamar de maior elevação, pelo menos até onde nos leva nossa canhestra capacidade de julgamento.

Em *O Livro dos Espíritos*, Allan Kardec sentencia que Deus cria o substrato espiritual, por ele denominado de Espírito, como princípio inteligente do Universo, que se diferencia, através do desenvolvimento de suas potencialidades (das sementes de virtudes: herança divina), na relação com o outro elemento da criação – a matéria, até atingir a inteligência e a razão, quando então se projeta à condição de Espírito, o **ser inteligente** da criação.

Ao assumir o *status* de ser inteligente, o princípio inteligente em trânsito evolutivo já logrou atingir os dois patamares indispensáveis a esta configuração anímica:

a) **o pensamento contínuo**, que lhe faculta o raciocínio e a capacidade de discernimento entre o bem e o mal e, por consequência, o exercício do livre-arbítrio; e

b) **a autoidentificação como individualidade**, via de mão única para o desenvolvimento da autoconsciência.

Pela primeira configuração, o Espírito participa responsavelmente na edificação do seu futuro e de sua felicidade; a partir da segunda, habilita-se paulatinamente ao encontro com Deus, pela constatação de sua similitude

---

[119] Falange do Espírito de Verdade.

com a Divindade; assim como também se capacita à compreensão do que seja a felicidade que anseia, como impulso instinto-intuitivo.

Então, o Espírito em sua jornada ascensional, no que podemos denominar de reino hominal, toma consciência de sua individualidade e vai desenvolvendo a inteligência e os sentimentos, tornando mais complexa a sua relação cognitivo-emocional, o que se expressa naturalmente na organização psiconeural.

Os estudos da Psicologia Social constatam que, diferentemente do que se passa com os outros mamíferos, o animal humano é capaz de tomar consciência de si mesmo e que isso já se opera por volta dos dois anos de idade. Mas é claro que com o amadurecimento do sistema nervoso, a criança vai aprofundando essa autoconsciência, até a adolescência e a juventude, quando assume definitivamente o seu papel no mundo, a sua capacidade criativa, o seu poder de autotransformação e a ação modificadora do meio. Isso obviamente ressalta-lhe o senso de responsabilidade sobre si mesmo e relativo à sua interação com o todo que lhe rodeia.

A Antropologia e a Psicologia espíritas, como de resto todo o conhecimento espiritista, amplia-nos a percepção e o entendimento do progresso anímico, fornecendo-nos a valiosa informação de que a alma, como personalidade humana definida, rememora toda a sua trajetória evolutiva como Espírito, desde o momento em que se projeta e se introjeta na vida material, a partir de sua inserção no zigoto, até o seu retorno à dimensão original, pelo fenômeno desencarnatório, atravessando as diversas fases da vida biológica e social.

Assim, em seu desenvolvimento biológico, a partir da embriogênese, o Espírito repete em automatismo sintético e compulsório toda a sua trajetória evolutiva: desde as

*Autoestima e saúde* 145

experiências e vivências no reino das *moneras*, atravessando as diversas escalas e reinos, até a sua condição de animal do grupo dos mamíferos e o seu desabrochar no que podemos denominar de reino hominal.

Mas também rememora os seus estágios de progresso anímico, pois, a partir de um ano de idade, inicia-se o seu processo de autoconsciência.

Não se depreenda daí que o Espírito, em si, regrida ou se encontre na condição de inferioridade, por ocasião desse fenômeno, mas sim que ele faz uma "revisita" aos estágios passados, enquanto o novo corpo é preparado para a assunção de uma nova personalidade. Nesse ínterim, ele permanece em um estado de adormecimento de suas faculdades, a funcionar como um período de repouso psíquico preparatório para as tarefas e os embates naturais da nova vida que se lhe avizinha.

Desse modo, é possível classificar períodos evolutivos da coletividade espiritual de um mundo, fazendo-se analogia com os períodos de desenvolvimento de cada individualidade encarnada em suas relações corporais, quais sejam infância, adolescência, juventude, maturidade e velhice. Então, podemos falar de uma infância, de uma adolescência etc., da humanidade.

Retomando a citação do *Evangelho segundo Mateus* do início deste capítulo, entenderemos que todos experimentamos as diversas romagens terrenas e os múltiplos papéis nas relações sociais para o desenvolvimento do amor.

Para tanto, faz-se indispensável desenvolvermos o autoamor, como fator indispensável à nossa capacitação para amar efetiva e verdadeiramente o nosso próximo. Assim também, para amar realmente a Deus, precisamos vivenciar este sentimento em relação ao próximo.

146 Depressão - doença da alma

O Espírito Lázaro, em *O Evangelho segundo o Espiritismo*[120], discorre sobre o desenvolvimento do amor, a partir da instintividade, como se vê:

*No seu ponto de partida, o homem só tem instintos; mais avançado e corrompido, tem só sensações; mais instruído e purificado, tem sentimentos; e o amor é o requinte do sentimento.*

Observemos que o Espírito relaciona o desenvolvimento do sentimento do amor com a disposição instintiva biológica e as sensações. Ora, orientado na direção do amor pelas Leis Naturais, o Espírito, enquanto ser encarnado, desenvolve inicialmente um egocentrismo que lhe permite amplificar o senso de individualidade e despertar a autoconsciência. Após trajeto evolutivo pelas estradas da vida biológica, intercalando períodos na erraticidade, para as devidas reflexões e reaprendizado, ele desenvolve o amor.

Com frequência, pela sua primariedade anímica, estaciona em círculo vicioso no hábito egoísta, que engendra o orgulho, mas ainda aí a Lei patrocina-lhe a visão de si mesmo no espelho da vida, valendo-se de suas próprias imperfeições para impeli-lo para o desenvolvimento do autoamor, por caminhos completamente antagônicos.

É que o Espírito egoísta e orgulhoso, presunçoso com relação a si mesmo, perante o mundo, ao ver refletidas naquele espelho as suas próprias mazelas e monstruosidades anímicas, revolta-se consigo mesmo, adotando

---

[120] KARDEC, Allan. – *O Evangelho segundo o Espiritismo*. Trad. J. Herculano Pires. Cap. XI, item 8, *A lei de amor*. Editora EME: Capivari-SP.

*Autoestima e saúde* 147

conduta inconsciente de autopunição, até que, cansado e vencido o orgulho por tanta tortura autoinfligida, aprofunda-se na busca do autoconhecimento e da individuação[121] que lhe franqueiam o desenvolvimento da autoestima.

Diante de todo o exposto, evidencia-se que a ausência de autoestima reflete-se na vida do Espírito encarnado na forma da mais variada gama de patologia, configurando-se indiscutivelmente como um dos mais decisivos fatores de implemento ao adoecer.

Desenvolvendo a autoestima, a alma humana desenvolve um estado íntimo de confiança e esperança, que lhe permite dar passos largos na direção do amor ao próximo e ao Criador, o que repercute em sua vida na forma de equilíbrio e saúde.

---

[121] A individuação é um estágio bem à frente da individualização, em que o Espírito já consegue entender-se mais amadurecidamente, a partir da sua relação ética com o próximo e com o seu eu profundo.

# Capítulo VI

# Doença depressiva ou obsessão espiritual (Diagnóstico diferencial)

# VI – Doença depressiva ou obsessão espiritual? (Diagnóstico diferencial)

## 1. Doença mental x obsessão espiritual

Ao se tomar consciência da complexidade etiológica dos transtornos mentais, de um modo geral – e especificamente do transtorno depressivo –, considerando-se inclusive os aspectos espirituais, conclui-se sem maior dificuldade que nem sempre é fácil realizar-se o diagnóstico diferencial entre a patologia classificada pela Medicina acadêmica e a obsessão espiritual.

A doença obsessiva espiritual, conquanto apresente algumas características gerais, pode apresentar-se sob multiplicadas formas, reproduzindo o cortejo sintomatológico e mimetizando as mais variadas entidades nosológicas psiquiátricas. Isso se dá pela ação extrínseca espiritual sobre os órgãos diretamente responsáveis pelas manifestações anímicas, exatamente os mesmos que se mostram afetados em sua estrutura anatômica mais íntima, assim como em sua função, nos transtornos psiquiátricos.

Essa ação fluídica perispiritual, atingindo o corpo espiritual do enfermo, reflete-se e atinge – através deste – a sua organização celular, orquestrando os distúrbios que culminam com o adoecimento.

Sendo assim, grande número dos casos clínicos diagnosticados pelos médicos como transtornos mentais, utilizando-se dos métodos propedêuticos[122] da Medicina acadêmica, são, na verdade, doença obsessiva espiritual e não responderão de forma satisfatória à terapêutica médica, haja vista o seu descrédito, desconhecimento e desconsideração pela faceta espiritual do ser humano.

Allan Kardec, na *Revista Espírita (Jornal de estudos psicológicos)*[123], o dr. Bezerra de Menezes, em sua obra publicada postumamente *A loucura sob novo prisma*[124] e o

---

[122] A propedêutica médica é o conjunto de ensinamentos e procedimentos que orientam o médico em seu exame clínico para o diagnóstico das enfermidades.

[123] Revista fundada e publicada mensalmente por Allan Kardec de janeiro de 1858 a abril de 1869, que se constituiu em verdadeiro fórum de discussão para o desenvolvimento da Doutrina dos Espíritos. No Brasil, foi traduzida, com pioneirismo, pelo espírita cearense Júlio Abreu Filho, e publicada pela Editora Cultural Espírita EDICEL.

[124] Não se deve estranhar o fato de o título da obra do dr. Bezerra de Menezes utilizar o termo loucura, pois, à sua época, esta era a denominação utilizada para os transtornos mentais graves, caracterizado por perda da capacidade de autogestão e sérios distúrbios da consciência. Após o advento de abordagens terapêuticas mais eficazes, notadamente com a descoberta dos psicofármacos, houve-se por bem modificar a nomenclatura, com o objetivo de se desvencilhar dos preconceitos.

Doença depressiva ou obsessão espiritual? 153

dr. Inácio Ferreira[125], em sua obra *Novos rumos à medicina,*[126] corroboram com essas considerações, sendo unânimes na assertiva de que grande é o contingente de enfermos obsedados, vítimas de obsessão espiritual, diagnosticados indevidamente como doentes mentais.

O codificador da doutrina espírita estima que pelo menos a metade dos pacientes diagnosticados por seus médicos assistentes como portadores de transtorno mental sofre de obsessão espiritual, como se vê abaixo:

*Os casos de obsessão são tão frequentes, que não é exagero dizer que, nos hospícios de alienados, mais da metade tem apenas* **aparência de loucura** *(....)*[127](Grifo meu).

Já o dr. Inácio Ferreira, baseado em sua experiência clínica de algumas décadas, no Sanatório Espírita de Uberaba, afirmava:

*(...) 70% dessas tragédias que se desenrolam na Humanidade, produzindo esses desequilíbrios mentais, são consequências de atuações psíquicas partidas do mundo invisível aos nossos olhos materializados (...).*[128]

---

[125] Inácio Ferreira de Oliveira (1904-1988) – Médico psiquiatra, natural de Uberaba-MG, foi diretor clínico do Sanatório Espírita de Uberaba por mais de 50 anos. Tornou-se espírita algum tempo após aceitar convite para trabalhar como médico no Hospital, em sua fundação, pela constatação dos resultados do tratamento espírita, a despeito dos recursos clínicos disponíveis à sua época.

[126] FERREIRA, Inácio. – *Novos rumos à medicina.* 2ª. Ed., vol. 1 e 2. Edições FEESP: São Paulo-SP.

[127] KARDEC, Allan. – *Revista Espírita – Jornal de estudos psicológicos.* Trad. Júlio Abreu Filho. Fevereiro, 1866, pg. 40, 41. EDICEL: Sobradinho-DF.

[128] FERREIRA, Inácio. – *Novos rumos à medicina.* 2ª. Ed., vol. 1, pg. 47. Edições FEESP: São Paulo-SP.

## 2. Diagnóstico diferencial

Ao se defrontar com o quadro clínico que lhe descreve o paciente, o clínico analisa-lhe os principais sintomas e sinais, procurando relacioná-los com as entidades nosológicas conhecidas com que se assemelham, à procura do diagnóstico. Nessa busca, deve elaborar algumas hipóteses diagnósticas, com o fito de direcionarem a sua ação propedêutica na elucidação do caso. A essa análise realizada às expensas das diversas hipóteses e com fins elucidativos, que denominamos diagnóstico diferencial.

A elaboração do diagnóstico diferencial pode apresentar obstáculos, às vezes intransponíveis. Isso se deve a uma destacada similitude, variabilidade e complexidade de sinais e sintomas em ambos os estados, pelo fato de se encontrarem afetados os mesmos sítios das organizações perispiríticas e somáticas, e apresentarem, em comum, a mesma base genésica de profundidade: a vulnerabilidade do Espírito, por sua primariedade, sua imperfeição, seus débitos e culpas.

Além disso, há toda uma gradação relacional entre essas problemáticas estudadas, com interpenetração, associações e interações, tornando difícil a sua diferenciação, até porque, em tese, assentam-se sobre uma causa única centrada no Espírito imortal.

O dr. Alexandre Sech[129], médico psiquiatra espírita paranaense, acerca dessas dificuldades, opina:

*Fica muito difícil, em determinadas situações, identificarmos*

---

[129] Alexandre Sech – Médico psiquiatra espírita, expositor e escritor espírita; diretor clínico do Hospital Espírita de Psiquiatria Bom Retiro, na cidade de Curitiba-PR.

Doença depressiva ou obsessão espiritual? 155

realmente se determinados tipos de alteração do comportamento são promovidos por uma entidade espiritual obsessora ou se são processos de auto-obsessão, gerados por problemas de natureza psicológica do indivíduo, oriundos desta encarnação ou problemas de auto-obsessão originados de processos reencarnatórios e, ainda mais, processos obsessivos originados em reencarnações anteriores.[130]

Há, porém, uma tendência, entre os que temos estudado e acompanhado. Entre os muitos pacientes submetidos a essas amargas experiências, **quase que, invariavelmente, encontramos as duas condições no mesmo paciente: transtorno mental e obsessão espiritual**. Essa condição é encontrada notadamente nos casos que se arrastam na esteira do tempo, em caráter subagudo ou crônico.

O dr. Jorge Andréa[131] também compartilha dessa opinião, como se pode depreender da citação expressa abaixo:

*Fornecer um quadro patológico que caracterize as obsessões é assunto bastante difícil, porquanto os sintomas estão sempre imbricados e de impossível separação. Será sempre difícil dizer até onde existe uma doença mental e um processo obsessivo espiritual que se encontrem absolutamente separados um do outro; **a associação será a tônica predominante** (...)"[132]* (Grifo meu).

---

[130] SECH, Alexandre. - Ensaio sobre obsessão espirítica em face de outras patologias mentais. Boletim da Associação Médico-Espírita de São Paulo, vol. 2, nº. 2. pg. 198, dezembro de 1984: São Paulo-SP.

[131] Jorge Andréa dos Santos – Médico psiquiatra nascido na Bahia, mas radicado na cidade do Rio de Janeiro; expositor do Instituto de Cultura Espírita do Brasil e escritor espírita com vários títulos publicados.

[132] ANDRÉA, Jorge. – *Visão espírita nas distonias mentais*. 1ª. Ed., Cap. III, pg. 115. FEB: Brasília-DF.

156 Depressão - doença da alma

A depressão, que constitui um dos tipos de transtornos mentais, enquadra-se plenamente dentro das discussões empreendidas em relação a esses quadros como um todo.

A partir dessas nuanças e características presentes nesse tipo de patologia, elaborei uma classificação para tais transtornos, a fim de facilitar a compreensão das múltiplas nuanças, diferenças e ligações. Baseei-me para tanto nos fatores etiológicos primários de cada apresentação do problema, com adaptação específica para os quadros depressivos.

Dessa forma, proponho dividir a doença depressiva como se segue:

## 2.1 – Doença depressiva anímica primária

São os quadros depressivos manifestados a partir de elementos próprios e intrínsecos ao paciente (à alma humana, ao Espírito encarnado) e que são, com toda justeza, diagnosticados pelos profissionais de saúde como episódio depressivo. Representam especificamente os transtornos depressivos da concepção psiquiátrica.

## 2.2 – Doença depressiva obsessiva primária

Denominamos assim – doença depressiva obsessiva primária – aos estados patológicos com quadro clínico compatível e sugestivo de depressão, mas que resultam da ação consciente, ou inconsciente, voluntária ou involuntária, dos Espíritos desencarnados ou inteligências extracorpóreas. Em outras palavras, esses quadros resultam da ação específica do invisível sobre o paciente.

*Doença depressiva ou obsessão espiritual?*  157

Esses estados podem ser divididos em dois tipos:

**⊃ Transtorno depressivo por obsessão espiritual**
Os transtornos resultantes da ação específica, objetiva, espoliativa e crônica de um ou mais Espíritos, em que existe toda uma sintomatologia semelhante à da doença depressiva, mas atingindo e envolvendo o enfermo, através de modificação fluídica perispiritual, sugestão hipnótica ou ressonância sintomatológica. Nessa última forma de influenciação, o obsessor utiliza um desencarnado portador de enfermidade depressiva, ainda em estado de perturbação, e o faz relacionar-se continuadamente com o paciente obsedado, com o objetivo de promover contaminação da "vítima" com o estado mental e a atmosfera fluídica do enfermo espiritual.

**⊃ Transtorno depressivo por indução espiritual**
Trata-se de uma variante do processo obsessivo clássico, em que o obsessor, por conhecer o passado reencarnatório do paciente e sua consequente vulnerabilidade ao estado depressivo, orienta as ações obsessivas no sentido da superficialização de vivências negativas armazenadas em seu inconsciente, tornando-as concomitantes com as dificuldades enfrentadas no momento atual e, desta maneira, induzindo um surto depressivo no paciente, que cuida de manter e complicar.

De outra forma, nessa classificação também contemplamos o eclodir do problema, quando resultado direto de influenciações espirituais patrocinadas por Espíritos vampirizadores ou empreendedores de assédio espiritual.

## 2.3 – Doença depressiva mista

Há inumeráveis casos em que as duas situações se fusionam e o paciente passa a apresentar, ao mesmo tempo, o transtorno depressivo psiquiátrico e a doença obsessiva espiritual.

Aqui nos reportamos a duas condições específicas:

**➲ Transtorno depressivo psiquiátrico com obsessão espiritual secundária**

Os nossos relacionamentos sociais são regidos primária e preferencialmente pela lei de afinidade, tanto nesta dimensão material, quanto nos relacionamentos com o invisível. Esse fenômeno social genérico é comportamento que expressa um impulso intuitivo natural de proteção e convivência, especialmente pautado em nossas experiências pretéritas da convivência tribal, das nossas disposições gregárias.

A lei de afinidade conduz-nos, assim, ao encontro e à busca dos semelhantes, daqueles que conosco compartilham maiores traços de identificação.

Por isso, embora teoricamente possamos falar de transtorno depressivo primariamente anímico puro, ou seja, sem nenhuma interferência espiritual, na prática, a psicosfera característica da enfermidade promove a atração de Espíritos que se afinizam, de uma ou de outra forma, com os doentes depressivos. Esses Espíritos passam então a desenvolver ação obsessiva secundária ao processo patológico inicial, atuando como fator agravante da doença, a influenciar negativamente nos resultados da terapêutica médica.

*Doença depressiva ou obsessão espiritual?* 159

Acerca desse envolvimento secundário, nos casos de pacientes portadores do problema depressivo, assim se posiciona o dr. Jorge Andréa:

*Muitos indivíduos portadores de depressão, pelas suas naturais energias psicológicas desordenadas, podem sintonizar com entidades desencarnadas, principalmente quando atadas aos envolvimentos pregressos. Com isso, os fenômenos obsessivos se instalam em graus variáveis(...).*[133]

## ➲ Transtorno depressivo primariamente obsessivo com transtorno psiquiátrico secundário

O envolvimento obsessivo intenso e persistente ao longo do tempo costuma deixar marcas indeléveis na organização perispirítico-somática, exteriorizando--se – ainda depois de extinta a perseguição – na forma de doenças mentais e até somáticas, podendo eventualmente determinar inclusive a desencarnação do obsedado.

Os pacientes com transtorno depressivo primariamente obsessivo, mantido indefinidamente ou de forma intermitente, apresentam grande predisposição a terem os tecidos perispirituais modificados, pelas incursões mentais e fluídicas (energéticas) nefandas e permanentes, com repercussão sobre a fisiologia cerebral em regiões implicadas com a expressividade afetiva. Dessa maneira, encontraremos enfermos padecentes de obsessão espiritual que, em decorrência disso, adoecem do ponto de vista psiquiátrico.

---

[133] SANTOS, Jorge Andréa dos. – *Ressonância espiritual na rede física.* 1ª. Ed., pgs. 164, 165. Gayathri Editorial: Nova Friburgo-RJ.

160 Depressão - doença da alma

Nesses casos, não apenas ostentam os sintomas depressivos, mas passam a apresentar as alterações anatômicas responsáveis pelo desequilíbrio neuroquímico característico do transtorno depressivo psiquiátrico.

Referindo-se ao fato de quadros obsessivos espirituais desembocarem em transtornos mentais específicos, o dr. Bezerra de Menezes, ainda encarnado, comentava:

*(...) Temos observado que a obsessão desprezada determina lesão orgânica no cérebro, donde a coexistência das duas causas de perturbação mental.*[134]

Por obsessão desprezada, o insigne médico e dirigente espírita brasileiro refere-se à doença obsessiva espiritual sem acompanhamento terapêutico espiritual (ou indevidamente acompanhada).

Ainda sobre o texto acima mencionado, devemos levar em consideração que, à época em que esta sua obra foi escrita (final do século XIX), os conceitos etiológicos das doenças mentais eram outros e admitiam lesões orgânicas macroscópicas como seus determinantes. Isso, porém, não está muito longe da realidade e do que se admite hoje, pois já analisamos as causas etiológicas a partir das alterações de receptores dos neurotransmissores, das disfunções neuroquímicas e, mais recentemente, inclusive da destruição de neurônios em áreas cerebrais específicas.

Compartilham dessa mesma ideia, Allan Kardec e dr. Jorge Andréa, como podemos constatar:

---

[134] Obra citada. Introdução, pg. 10.

*Doença depressiva ou obsessão espiritual?*

*(...) A obsessão é uma fronteira perigosa para a loucura irreversível.*[135]

*(...) Os pacientes do grupo obsessivo podem desembocar, de modo definitivo, no estuário da conhecida patologia mental, se não houver o devido amparo, em orientação e tratamento, que atenda, em tempo, toda a desestruturação psíquica.*[136]

## 3. Doença depressiva obsessiva primária – Elementos para identificação

Não há nenhum sinal ou sintoma que se possa considerar patognomônico[137] da doença depressiva de origem obsessiva espiritual, o que dificulta sobremaneira o diagnóstico diferencial com a depressão de origem unicamente anímica.

Apesar disso, pode-se anotar algumas características gerais das obsessões espirituais e, em especial, da obsessão em sua feição depressiva. Porém, essas anotações não devem ser tomadas como exatas e exclusivas nem, muito menos, como invariáveis e indispensáveis ao diagnóstico. São o fruto de observações empíricas pessoais e, por isso, devem ser utilizadas em conjunto com a história do paciente, podendo favorecer o diagnóstico.

---

[135] KARDEC, Allan. *Revista Espírita*

[136] SANTOS, Jorge Andréa dos. – *Visão espírita nas distonias mentais.* 1ª. Ed., Cap. III, pg. 114. FEB: Brasília-DF

[137] Diz-se de sinal específico e característico de uma determinada patologia.

## Início abrupto

A instalação do processo obsessivo, em termos sintomatológicos, se dá com grande frequência de maneira abrupta, em contraposição ao que ocorre mais comumente com o transtorno psiquiátrico.

De maneira que o paciente, em poucos dias ou mesmo em algumas horas, pode apresentar importante mudança comportamental e ter configurado o distúrbio espiritual.

## Intensidade e curso evolutivo

O transtorno mental primariamente obsessivo tende a ser de grave amplitude, seja do ponto de vista sintomático, seja em relação à gravidade do problema.

Não se conclua daí a inexistência de quadros sintomáticos de menor monta nos pacientes obsedados, senão que os casos de sintomatologia mais impactante são os mais encontradiços entre pacientes obsedados com depressão.

## Sentimento de culpa

Os sentimentos de culpa, especialmente na forma de delírio, e assim também aqueles que não encontram apoio em atitudes do presente devem ser tomados como possível indução mental obsessiva com mergulho no inconsciente e revivência de fatos ocorridos em outros momentos reencarnatórios. Estão bastante presentes nos quadros de depressão de causa obsessiva.

## ↪ Contaminação fluídica mais efetiva

Sabe-se que a psicosfera do paciente com depressão tende a contaminar aqueles que com ele lidam no cotidiano de forma diretamente proporcional à vulnerabilidade ao problema depressivo e inversamente proporcional à sensibilidade mediúnica.

Claro que a maioria dos contaminados desenvolvem respostas de defesa automática e se deslindam em menor ou maior tempo dessas alterações psicológicas e mesmo físicas.

Por outro lado, profissionais que lidam em seu dia a dia com esses pacientes tendem a desenvolver mecanismos naturais de defesa a tais envolvimentos, o que os tornam mais resistentes.

Nos doentes deprimidos por obsessão espiritual há maior potência da contaminação fluídica porque, além da emissão fluídica do encarnado, sofre-se ainda a ação fluídica voluntária ou involuntária do(s) Espírito(s) que lhe forma(m) o lastimável cortejo.

Por isso mesmo, com o tempo e a experiência, adquire-se a sensibilidade para a percepção dessa nuança diferencial.

## ↪ Debilidade física

A falta de apetite, a insônia, o desleixo corporal e as repercussões da imunocompetência determinam um quadro progressivo de debilidade orgânica exteriorizado por emagrecimento, desvitalidade e modificações da máscara facial, como "olheiras", por exemplo.

Na doença depressiva de aspecto obsessivo espiritual, essa debilidade assume características próprias, progressão

164 Depressão - doença da alma

galopante e desproporcional ao tempo de doença, por haver espoliação fluídica, envolvimento fluídico deletério e agressões objetivas contra o patrimônio celular.

Assim sendo, à apresentação de paciente deprimido, em que a história natural da doença não justifica a grande debilidade física encontrada ao exame, deve-se pensar fortemente em problema obsessivo.

## ➲ Sintomatologia mista

No transtorno obsessivo espiritual encontram-se, com frequência, sintomas variados e às vezes desencontrados. No problema depressivo, pela gravidade crescente da situação clínica, encontraremos mais comumente sintomas psicóticos.

# Capítulo VII

## A cura da depressão

# VII – A cura da depressão

## 1. Doenças, curas e evolução

As enfermidades são definidas mais amplamente, na atualidade, como desequilíbrios do estado de saúde, que afetam não apenas o corpo físico, mas também o psiquismo, as relações sociais e o Espírito, como se pode depreender do conceito emitido pela Organização Mundial de Saúde (OMS)[138]:

*Saúde é a sensação de completo bem-estar físico, mental,*

---
[138] Há uma proposta para complementar o conceito de saúde, acrescentando-se o termo "espiritual", desde reunião ordinária da OMS acontecida em 1998.

170 Depressão - doença da alma

*espiritual e social, e não apenas ausência de doenças[139].*

A Psicologia e a Medicina Psicossomática já entendem muitas das manifestações mórbidas do corpo como sendo sinalizações materializadas de desordens e traumas psicológicos, com que a mente não consegue lidar.

O Espiritismo, por sua vez, elucida-nos que a dor e, por extensão, os distúrbios de saúde, que têm nos fenômenos álgicos sua mais usual forma de expressão e seu mais expressivo sintoma, revestem-se de um caráter educativo regido pela lei de causa e efeito, subsidiária da lei do progresso, tão bem dissecada e elucidada pelos Espíritos reveladores e por Allan Kardec, em *O Livro dos Espíritos[140]*.

As enfermidades de toda a ordem têm, pois, sob a análise espírita, a sua causa no Espírito, que, por sua imperfeição e precariedade evolutiva, na busca natural e automática pelo progresso, se depara com a dor, tutora e conselheira, em seus múltiplos aspectos, capaz de tocar-lhe profundamente o psiquismo e o inconsciente.

Facilitador para a assimilação do conhecimento, por meio das fortes vivências proporcionadas, o fenômeno doloroso age como catalisador efetivo e eficaz no processo de amadurecimento anímico. Os distúrbios morbosos e a carga de aflição deles decorrentes conduzem, em suas bases genésicas, uma razão evolutivo-educacional.

As reações álgicas não devem, pois, ser encaradas como um ato punitivo da Divindade em relação à criatura, mas especificamente como um mecanismo derivado da lei de progresso e de sua subsidiária, a lei de causa e efeito,

---

[139] O termo doenças é aqui empregado na forma mais usualmente utilizada: de problema físico.

[140] Obra citada. Livro III, cap. VIII.

A cura da depressão

que tem por finalidade dar um *feedback*[141] comportamental, negativo ou positivo, sinalizando com mal-estar ou bem--estar, dor ou prazer.

Assim sendo, a dor e as doenças têm uma importância inimaginável no ato de autoavaliação do ser agente, no sentido de orientar a reelaboração de condutas e facilitar o reconhecimento das carências e necessidades do Espírito, em seus ensaios evolucionais.

Nesse contexto, podemos compreender a dor e, por extensão, as enfermidades como instrumentos do progresso anímico, em suas diferentes facetas e mecanismos promotores.

Druso, instrutor do Espírito André Luiz, e por este retratado em obra psicografada pelo querido médium mineiro Francisco Cândido Xavier[142], classifica a dor, consonante sua função e origem, em *dor-evolução, dor--expiação* e *dor-auxílio*.

A primeira é engendrada de forma extrínseca ao ser, por meio da Lei Natural, configurando o determinismo divino a nos incitar e orientar ao progresso e ao desenvolvimento. Portanto, não se vincula ao livre-arbítrio e, assim sendo, não está condicionada à vontade daquele que segue pela trilha evolutiva. Em nosso planeta, vamos observá-la na base de todos os processos dolorosos experimentados pelos animais irracionais, como também nas circunstâncias supravoluntárias da existência humana, indispensáveis à correção do curso objetivo da escalada anímica ascensional.

A dor-expiação, intrínseca ao paciente em sua gênese,

---

[141] Vocábulo inglês, muito utilizado em biologia, que significa retroinformação: comentários e informações sobre algo que já foi feito com o objetivo de avaliação. Regeneração.

[142] XAVIER, Francisco C./LUIZ, André. – *Ação e reação*. Cap. 19. FEB: Brasília-DF.

decorre da resposta da lei que regula o adiantamento espiritual do ser pensante, em reflexo educativo de estímulo ou desestímulo à sua ação voluntária, induzindo-o à correção de rumos e comportamentos, condutas e atitudes. Sem nenhuma sombra de dúvida, o tipo mais encontrado em nosso conturbado e sofrido mundo.

A dor-auxílio funciona como mecanismo protetor e facilitador para a consecução de objetivos específicos do planejamento reencarnatório, sob os auspícios da Providência Divina. Objetiva resguardar o indivíduo, provisória e momentaneamente, das consequências de sua própria imperfeição e imaturidade anímica. Várias enfermidades agem, então, de forma preventiva e em caráter providencial, constituindo ferramentas favorecedoras às nossas realizações presentes.

Ouso acrescentar à classificação do Espírito Druso a dor-provação, que, à semelhança da dor-expiação, origina-se de forma intrínseca e dependente do livre-arbítrio. Essa modalidade de sofrimento é aceita e frequentemente requisitada pelo educando espiritual na feição de vivências que ultimam suas conquistas de aprendizado e educação, fechando um ciclo de estudos e capacitando-o para outros módulos mais complexos do seu fluxograma educacional.

Ao que sofre, no entanto, é lícito empreender todos os esforços possíveis e imagináveis para o aplacamento e a suavização da dor, em primeira instância, e para lograr a cura do mal afligente. Isso, inclusive, constitui motivo para o desenvolvimento da inteligência. É assim que mesmo o mal, efêmero, autolimitado e de criação humana, é amplamente aproveitado, no contexto da lei de progresso.

Foi do esforço humano para entender e abrandar a dor que, sob o beneplácito divino e a orientação espiritual superior, desenvolveram-se a Medicina e todas as ciências

A cura da depressão

correlatas. A Medicina é ciência e arte que, em essência, persegue o objetivo divino de mitigar os sofrimentos humanos, proporcionando, ao homem, uma vida mais digna e mais produtiva em todas as vertentes existenciais e permitindo-lhe as indispensáveis reflexões sobre o porquê da dor em sua trajetória terrena e em seu destino.

Não é sem motivo que Hipócrates[143], reconhecido como o Pai da Medicina, considerava como a razão maior dessa ciência, em seus escritos médicos:

*Opus divinum est sedare dolorem.*[144]

Há quem acuse o Espiritismo de fazer apologia do sofrimento e da dor e de estimular o masoquismo, o comodismo e o imobilismo, quando não se procura imputar-lhe a pecha de promover um comportamento servil em relação aos poderosos da Terra, do tipo *"deixa estar, porque Deus assim o quer"*, à semelhança de algumas instituições religiosas tradicionais.

Nada mais calunioso do que tal invectiva, dos que se fazem inimigos gratuitos da Mensagem Espírita, haja vista ser essa mensagem esclarecedora por excelência acerca da ação do Espírito em prol do seu próprio adiantamento, seja como personalidade humana, seja como Espírito em trânsito evolutivo.

O Espiritismo não prega ao padecente uma aceitação tácita, pura e simples da problemática que o aflige; muito menos um cruzar de braços e uma indiferença estoica ao

---

[143] Hipócrates (460 aC – 370 aC) – Médico grego, nascido na ilha de Cós, é tido como descendente de Esculápio, o deus grego da Medicina. Autor de uma enciclopédia sobre Medicina; atribui-se-lhe o juramento ético para o exercício da profissão

[144] "Sedar a dor é obra divina".

174 Depressão - doença da alma

seu padecer. Pelo contrário, a partir dos esclarecimentos prestados, incentiva-o a uma mobilização ousada e corajosa na procura de alternativas capazes e suficientes para a resolução de seus males, libertando-se do ferrete da dor.

Ocorre, como já discutido acerca dos tipos de dor, que nem sempre é possível afastar por completo as circunstâncias e vivências aflitivas, por serem indispensáveis ao decurso natural de crescimento anímico e se mostrarem inalcançáveis. É nessa situação que o consolo espírita se faz bálsamo ao sofredor, desdobrando-lhe o passado e o futuro espirituais, oferecendo-lhe conforto e entendimento, ao mostrar-lhe as razões profundas da aflição e a transitoriedade dos males, assim como a brevidade da vida terrena.

## 2. Tratamento convencional

A abordagem terapêutica do paciente depressivo carece de um planejamento estratégico que inclui, afora as terapias propriamente ditas, uma boa relação terapeuta--paciente capaz de vencer as barreiras restringentes da apatia e da desesperança, em associação com o esclarecimento objetivo sobre a sua condição de enfermo e de sua doença, assim, também, das expectativas do tratamento: nuanças, etapas e perspectivas.

Por outro lado, precisa atingir a família, no sentido de fornecer-lhe explicações claras, capazes de favorecer-lhe a receptividade e a colaboração na investida terapêutica.

Ao paciente com quadro clínico de depressão são oferecidas convencionalmente as terapias médicas e psicológicas, sendo que, para aqueles que se apresentam moderada ou gravemente enfermos, a psicofarmacoterapia[145] se impõe formalmente como tratamento imediato.

A psicoterapia, nesses casos – ainda mesmo naqueles quadros em que os fatores psicológicos se configurem como de maior destaque –, terá menor eficácia, haja vista o estado psíquico de grande indiferença e resistência ao tratamento, o que impõe o uso da medicação psicoativa de início, a ser complementada em um segundo momento pela psicoterapia.

Em tese, portanto, os doentes deprimidos devem ter acompanhamento médico, inicialmente, e, depois, acompanhamento psicológico.

## 2.1 – Uso de medicamentos

### A) Psicofarmacoterapia

O tratamento dos transtornos mentais, após o advento da psicofarmacologia, no início da década de 1950, com a introdução da clorpromazina no tratamento da esquizofrenia, mudou radicalmente o perfil do doente mental, favorecendo-lhe a possibilidade de controle da doença, um melhor prognóstico na sua evolução e uma melhor qualidade de vida, com a ressocialização e integração do paciente em seu meio.

Muitos dos críticos da psicofarmacoterapia desconhecem a história da loucura e o destaque dos psicofármacos como marco positivo na evolução e controle dos doentes, prendendo-se, em demasia, à problemática dos efeitos negativos da terapia, como se não os houvesse em qualquer modalidade terapêutica.

---

[145] Psicofarmacologia é a ciência que estuda as substâncias químicas psicoativas, ou seja, que atuam sobre o sistema nervoso, utilizadas no tratamento dos transtornos mentais.

## B) *Antidepressivos*

### ➲ Antidepressivos tricíclicos (ADT)

Foi somente por volta de 1960 que se passou a conhecer e melhor compreender a ação antidepressiva de alguns compostos químicos. O primeiro deles foi a imipramina, um medicamento que ainda hoje é referência para o tratamento clínico do transtorno depressivo.

Com essa medicação surgia um grupo de psicofármacos conhecidos pelo nome de antidepressivos tricíclicos, assim denominados em razão de sua estrutura química.

Esses medicamentos são, ainda hoje, utilizados por causa de seus bons resultados, do domínio e das observações dos terapeutas em relação a eles, mas também em decorrência de um menor ônus financeiro para os enfermos. Apresentam, no entanto, efeitos colaterais que, de alguma forma, limitam a sua mais ampla utilização clínica. Constituem, apesar disso, drogas muito úteis no tratamento da doença depressiva, sendo, como já se viu, referencial terapêutico, medicamentos-padrão para o uso dos outros antidepressivos.

Esse grupo de antidepressivos age por inibição da recaptação de serotonina e noradrenalina, o que determina uma elevação da concentração desses neurotransmissores nas sinapses nervosas. Além disso, também agiria sobre os receptores das sinapses neuronais, tornando-os mais sensíveis em suas relações químicas com os neurotransmissores.[146]

---

[146] Ver capítulo II, item 2.1.

A cura da depressão

## ➲ Inibidores da monoaminoxidase (IMAO)

Após os ADT, foram descobertas outras drogas antidepressivas que agem inibindo um grupo de enzimas, conhecido como monoaminoxidase, que apresentam atividade inibitória sobre os neurotransmissores componentes das chamadas monoaminas, dentre os quais se encontram a serotonina e a noradrenalina.

Esses antidepressivos, denominados inibidores da monoaminoxidase (IMAO), apesar de seu reconhecido efeito terapêutico sobre a depressão, são cada vez menos utilizados, por causa de seus efeitos colaterais e restrições alimentares.

## ➲ Antidepressivos atípicos e inibidores seletivos da recaptação de serotonina (ISRS)

Mais recentemente, surgiram antidepressivos diferentes, quanto à sua estrutura química e que se mostram mais seletivos na inibição da recaptação da serotonina e da noradrenalina, compondo o grupo dos antidepressivos atípicos, de segunda geração, e os inibidores seletivos da recaptação de serotonina (ISRS).

Por sua seletividade não determinam o aparecimento daqueles efeitos indesejáveis mais graves dos grupos precedentes, e mesmo os de menor gravidade costumam mostrar-se de forma mais transitória, por conta da adaptação do organismo, o que se reflete em menor necessidade de sua descontinuação e permuta por um outro.

São, em geral, os medicamentos mais prescritos no início do tratamento da depressão.

Destacam-se aqui a fluoxetina (Prozac®, Eufor®, Daforin®), a paroxetina (Aropax®, Pondera®), a sertralina

(Zoloft®, Tolrest®), a venlafaxina (Efexor®), o citalopram (Cipramil®), a fluvoxamina (Luvox®) e o nefazodone (Serzone®).

A fluoxetina é, sem nenhuma dúvida, uma das drogas mais conhecidas pela população, bastante propalada pela mídia e entendida como a *molécula da felicidade*.

### C) Informações adicionais

A resposta clínica da terapêutica antidepressiva só se torna perceptível após dez a quinze dias do seu início. Isso se daria, por causa daquelas modificações dos receptores e atualmente, acredita-se, por sua ação neurogênica. Deve-se, pois, informar ao paciente e à sua família essa característica do tratamento medicamentoso, haja vista a tendência corriqueira do paciente em estado mais grave de descontinuar e abandonar o uso do medicamento.

A psicofarmacoterapia antidepressiva apresenta resultados significativos em cerca de 70% dos pacientes tratados. Há, no entanto, a necessidade de acompanhamento, para o ajuste de dosagens da droga, a avaliação dos efeitos colaterais e, se for o caso, a troca do psicofármaco.

Na falta de resposta adequada, havendo boa tolerabilidade à droga, somente se deve cogitar a troca do medicamento, por volta da oitava semana do seu uso, após as devidas e possíveis correções posológicas[147].

Os antidepressivos de última geração usualmente apresentam a mesma potência terapêutica dos antidepressivos tricíclicos, porém apresentam uma menor incidência de efeitos colaterais e de menor gravidade.

Os efeitos colaterais, desde que sejam suportáveis e não comprometam a saúde, tendem a desaparecer ou

---

[147] A posologia é o ramo da terapêutica que trata das dosagens necessárias dos medicamentos, relativas às doenças e aos doentes.

diminuir após algumas semanas de tratamento, como consequência de uma natural adaptação do organismo ao medicamento. Logo, não há razão para se deixar de fazer uso da medicação antidepressiva, sob a alegativa dos problemas que lhe são secundários.

O uso prolongado de antidepressivos, ao contrário do que muitos apregoam e do que se imagina, não costuma conduzir à dependência química, e somente alguns antidepressivos tricíclicos necessitam de descontinuação gradativa.

O tempo mínimo de tratamento com antidepressivos é de seis meses, podendo estender-se, na dependência de história familiar da doença depressiva ou de crises anteriores, como também do seu curso clínico, para dois anos ou mais.

Cerca de 20% dos quadros depressivos tornam-se crônicos, configurando a depressão resistente, o que leva a uma associação de antidepressivos e a um maior tempo de tratamento. Alguns pacientes necessitam fazer uso constante da medicação.

Os antidepressivos são também utilizados com bons resultados em outras condições médico-psiquiátricas, tais como: transtorno do pânico, transtorno obsessivo--compulsivo, fobia social, bulimia e dores crônicas.

Os pacientes com forte ideação suicida ou com episódios depressivos graves com sintomas psicóticos tendem a requerer internação hospitalar, a lhes assegurar maior segurança e melhores condições terapêuticas.

## 2.2 – Eletroconvulsoterapia (ECT)

A eletroconvulsoterapia (ECT) é a terapêutica psiquiátrica mais polêmica e controversa, mas também (e até por isso mesmo) a mais ignorada e desprestigiada pelo público, em geral, e até mesmo por profissionais lidadores com a saúde mental.

Entendida frequentemente como terapêutica dolorosa, de grande risco e geradora de graves sequelas, construiu-se uma caricatura de terror, a partir da ignorância, da exploração da credulidade e da má-fé.

Consiste na aplicação de uma corrente elétrica de baixa amplitude sobre alguns pontos da cabeça, através de eletrodos, que resultam em um quadro convulsivo. Mas, o quadro convulsivo não se reveste das características dos quadros mioclônicos dos estados epilépticos, porque há todo um preparo para a realização da ECT.

Antes da aplicação da ECT, o paciente é avaliado clinicamente e, somente depois, recebe anestesia geral e relaxantes musculares, sendo monitorado durante todo o processo.

O paciente habitualmente acorda sem maiores problemas, após cerca de 30 minutos, e os principais e mais comuns efeitos colaterais são uma certa confusão mental, cefaleia e perturbações da memória que costumam desaparecer em horas.

No máximo, os distúrbios da memória – que podem afetar lembranças até seis meses antes (memória retrógrada) e até dois meses depois (memória anterógrada) – demoram-se por cerca de seis meses, não sendo, porém, frequente essa demora.

A ECT, ao contrário do que se apregoa, é conduta bastante utilizada no mundo inteiro, com resultados mais eficazes e em menor tempo do que as demais alternativas terapêuticas.

Na doença depressiva, a ECT será sempre bem

A cura da depressão 181

indicada quando se fizer imperiosa a reversão do processo em breve tempo, como em pacientes com depressão grave acompanhada de sintomas psicóticos, com forte ideação suicida e graves repercussões nutricionais, consequentes da recusa do paciente à alimentação[148]; nos casos de doença depressiva resistente ao tratamento tradicional, em pacientes idosos e em gestantes acometidas do transtorno depressivo.

O tratamento atinge bons resultados em 80% a 90% dos pacientes tratados, e os efeitos colaterais são mínimos. Apesar de tudo, ainda não se tem conhecimento dos seus mecanismos de ação, havendo especulações quanto à sua ação sobre neurotransmissores, hormônios e neurorreceptores.

Autores espirituais têm relatado repercussões da ECT em nível perispirítico, resultando, em alguns casos, no afastamento temporário do Espírito obsessor do campo magnético de pacientes com depressão de origem obsessiva ou associada a processos obsessivos.

## 2.3 – Psicoterapia

Psicoterapia é termo genérico referente a um grupo de técnicas que apresentam componentes universais verbais e não verbais e uma relação cliente/paciente–psicoterapeuta, a partir de variadas abordagens teóricas, que diferem em termos de objetivos imediatos, intermediários e de longo prazo. Essas técnicas psicoterápicas são utilizadas no tratamento de distúrbios emocionais, mentais e de

---

[148] Nestes casos a ECT é terapia bastante eficaz para salvar vidas, tanto na prevenção do suicídio, quanto na reversão dos problemas nutricionais!

relacionamento.

A maioria das psicoterapias para depressão ainda não foi submetida a estudos controlados estatisticamente, o que, de certa maneira, limita a sua utilização.

Essa abordagem terapêutica não tende a ser empregada, em primeira linha, no tratamento dos transtornos depressivos, pela necessidade de participação ativa do paciente, o que não é possível em casos mais graves.

Pode, no entanto, ser usada, na abordagem inicial do tratamento, em casos menos graves, e também quando o paciente opta por ela, devendo, porém, ser substituída pela psicofarmacoterapia quando não houver remissão completa dos sintomas em doze semanas.

As psicoterapias mais utilizadas no tratamento da depressão são a terapia cognitiva, a terapia interpessoal, a terapia comportamental e as terapias dinâmicas tradicionais.

Na terapia cognitiva, busca-se ajudar o paciente a identificar e corrigir distúrbios nos processos cognitivos que o levam ao adoecimento.

A terapia interpessoal ajuda estimulando a melhora na qualidade da rede interpessoal de relacionamento da pessoa deprimida. As sessões iniciais do tratamento enfocam a informação do paciente acerca da natureza e do curso da doença depressiva. Depois, se voltam para a identificação e resolução das dificuldades interpessoais, enfocando o mundo social do paciente e particularmente os estressores significativos associados ao início da doença depressiva.

Na terapia comportamental, um dos maiores objetivos é ajudar a pessoa a atingir uma sensação de autocontrole, mantendo a depressão sob controle e não no controle. Baseia-se na teoria do condicionamento e do aprendizado social.

A cura da depressão

As terapias dinâmicas tradicionais são usualmente estruturadas nos princípios freudianos da teoria analítica e procuram ajudar os pacientes a compreenderem a sua dinâmica psíquica pessoal e a reconhecerem a influência do inconsciente, enquanto repositório de vivências pretéritas em sua vida presente.

É possível, ainda, associar psicofarmacoterapia à psicoterapia.

# 3. Tratamento espírita

O centro espírita é instituição estabelecida para o estudo e a prática dos ensinamentos e princípios contidos na obra de Allan Kardec, coligidos e organizados a partir dos ensinamentos dos Espíritos. Objetiva fomentar o progresso moral e espiritual da Humanidade, utilizando-se de uma pedagogia própria, disseminando o conhecimento e estimulando as vivências indispensáveis ao aprendizado e ao aproveitamento das oportunidades oferecidas pela experiência reencarnatória.

Com esse propósito, disponibiliza aos educandos mais versados em seu conteúdo teórico a prática do amor e da caridade e, ao mesmo tempo, oferece recursos capazes de neutralizar ou amenizar as agruras existenciais dos que o buscam, na condição de criaturas aflitas, carentes, enfermas e desesperançadas.

É de hábito afirmar-se no meio espírita ser a dor a mais diligente das causas determinantes para a busca do centro espírita pelas pessoas. Por conta disso, é que se oferece o amparo espiritual a esse público aflito, na forma do que se passou a denominar *tratamento espiritual (TE)*. Destaque--se, porém, o fato de o centro espírita não pretender nem

184 Depressão - doença da alma

prometer a cura das doenças do corpo[149], haja vista a sua proposta de tratamento para os males da alma. Também não se reveste o TE de qualquer sentimento de rivalidade, competição ou concorrência em relação às terapêuticas adotadas pelas ciências da saúde.

O que se oferece ao enfermo, na casa espírita, tem por escopo preencher uma grande lacuna nos cuidados de saúde devidos ao doente, resultado da fundamentação materialista das ciências médicas, psicológicas e sociais, adstritas aos paradigmas mecanicistas e organicistas regentes da pesquisa científica contemporânea: a lacuna da abordagem espiritual do ser humano.

É verdade que, nas últimas décadas, os cientistas vêm tocando as fímbrias do Espírito, ao reconhecerem a faceta humana de *homo religiosus*, o que os conduziu à compreensão do relacionamento entre espiritualidade, saúde e doença. Além disso, descobriu-se a relevância da vivência espiritual do paciente para o seu bem-estar e como fator integrante dos mecanismos de cura. Apesar desse reconhecimento, a maioria dos pesquisadores mantém-se alheia à realidade espiritual do ser, preferindo explicações reducionistas para esses fatos incontestáveis.

O TE oferecido pelos núcleos espiritistas não exclui (pelo contrário, inclui e estimula!) as terapêuticas científicas usuais e oferecidas aos enfermos pela Medicina, pela Psicologia etc.; antes, complementa-lhes a ação terapêutica exatamente naquilo que lhes foge ao alcance, por lhes escapar à competência.

---

[149] Apesar disso, como as doenças somáticas têm todas elas as suas bases espirituais, dá-se muitas vezes sejam eliminados os seus sintomas e se efetive a sua cura, com o acompanhamento espiritual. Porém, não é esse o objetivo primordial do tratamento na casa espírita.

A cura da depressão

Assim analisada, a terapêutica espírita não constitui empecilho, entrave, afronta ou desrespeito à científica, nem pode ser acusada de prática ilegal de Medicina, posto ter por campo de ação as enfermidades da alma, entendidas pela *praxis* terapêutica como de caráter religioso.

Como não cobra por seus serviços[150] e não promete curas, também não pode ser rotulada como mercantilista ou interesseira, e muito menos ser acusada de charlatanismo.

Para os pacientes portadores de depressão, a terapêutica espírita tem muito a contribuir para a cura da alma (autocura), o bem-estar do paciente, e, dessa forma, tem muito a colaborar para a eficácia das demais terapêuticas.

## 3.1 – Expectativas da terapia espírita

O tratamento espírita da depressão direciona-se à sua causa mais profunda – o ser pensante e afetivo (o Espírito) –, restabelecendo-lhe o equilíbrio psicobioenergético, promovendo-lhe a reintegração social, estimulando-lhe o autoconhecimento, favorecendo-lhe mudanças na sua forma de ver e sentir o mundo e a vida na Terra e, por fim, fomentando-lhe a educação dos sentimentos.

Como nas demais abordagens terapêuticas, a espírita também requer a participação ativa e direta do enfermo, estabelecendo-se, porém, de forma paulatina, aceitando a participação gradual e progressiva do doente, em

---

[150] Aqueles que buscam o TE na casa espírita não firmam nenhum compromisso com o núcleo espiritista, nem mesmo com o Espiritismo, não sendo submetidos a uma fidelidade doutrinária nem se lhes exigindo conversão à Doutrina Espírita.

consonância com o seu estado clínico e as suas possibilidades de cada momento.

A proposta ao doente é essencialmente educacional quanto aos pensamentos e sentimentos sobre si mesmo, os outros, sua doença e significado, sua origem e seu destino.

Em suas bases filosóficas, destaca-lhe a condição de ser perfectível, em processo evolucional, submetido à lei biológica da reencarnação e, por consequência, capacitado a promover mudanças e superar obstáculos, a partir do conhecimento, da perseverança e do esforço próprio.

Em suas premissas éticas, ressalta-lhe a responsabilidade relativa e proporcional ao livre-arbítrio que detém e ao saber acumulado, responsabilidade regida e julgada pela *lei de causa e efeito*, na forma de reações, com objetivos pedagógicos centrados em sua experiência e vivências repetidas.

Por tudo isso, o tratamento espírita da depressão divide-se em etapas com resultados específicos e pessoais, variáveis no tempo, mas também na intensidade e na qualidade das respostas.

Visando favorecer simultaneamente o doente encarnado e os desencarnados que lhe formam o séquito de infortúnio, a terapia da Casa Espírita desdobra-se em Evangelhoterapia, Fluidoterapia, Laborterapia e Tratamento Desobsessivo.

## 3.2 – Evangelhoterapia

Os ensinamentos de Jesus, enfeixados nos Evangelhos – apesar das mutilações e enxertias com que lhes conspurcaram os homens –, mantiveram-se preservados

A cura da depressão

graças à sabedoria do excelso Rabi da Galileia e à sua peculiar pedagogia.

Allan Kardec, secundado pelos Espíritos Superiores, soube destacá-los, em meio às múltiplas descrições, ideias e opiniões ali encontradas, no que denominou *ensino moral*, resgatando-os e desenvolvendo-os, em sintonia com o progresso moral e intelectual da Era Contemporânea.

Por se constituírem no roteiro para a cura da alma, os Evangelhos são estudados, analisados, circunstancializados e descritos de forma didática em *O Evangelho segundo o Espiritismo*, base para o trabalho de Evangelhoterapia promovido pela casa espírita.

Essa modalidade terapêutica estimula a compreensão das palavras do Cristo, à luz da *exegese espírita*[151], pelo estudo e reflexão continuados, com o objetivo de facilitar o processo educativo capaz de conduzir às transformações urgentes e necessárias à cura integral.

Configura-se como terapêutica a médio e longo prazo, apesar de os seus resultados já se fazerem sentir na razão e na consciência, aguardando a ação do tempo para a devida maturação e para o fecho do ciclo educacional almejado.

A consciência e o desejo de transformação moral por parte do enfermo da alma, desde que resultem em esforço contínuo e perseverante, facultam-lhe crédito de apoio, de amparo, de estímulo da Espiritualidade Superior, amenizando-lhe as agruras, favorecendo-lhe o aprendizado e facilitando-lhe assim a trajetória evolutiva.

Os pacientes vitimados pelos transtornos afetivos, submetidos à Evangelhoterapia, vão, pouco a pouco, introjetando novos valores morais calcados nos princípios

---

[151] Interpretação dos textos evangélicos, a partir dos ensinos dos Espíritos. Interpretação doutrinária das palavras atribuídas a Jesus.

188 Depressão - doença da alma

espíritas cristãos a lhes influenciarem favoravelmente a autoestima e o gosto pela vida, como também a educação dos sentimentos.

## 3.3 – Fluidoterapia

A natureza é pródiga em seu manancial de cura, oferecendo, aos aflitos de todo jaez, ampla possibilidade terapêutica, mercê da infinita misericórdia divina, que faz brotar em meio ao mal o remédio, o conforto e a cura.

Também na natureza humana, encontramos potenciais bastantes para o auxílio mútuo e coletivo, provendo-nos das reais possibilidades de amparo e auxílio, a partir das reservas e qualidades fluídicas do corpo espiritual manipuláveis pela ação do pensamento, da vontade, do amor e do desejo de ajudar.

A Providência Divina age, ainda, de forma objetiva, por meio da participação do Mundo Invisível estimulando ao Bem, redimensionando as possibilidades fluídicas dos encarnados e associando-lhes fluidos espirituais em benefício dos que amargam o sofrimento em suas variadas facetas neste *mundo de expiações e provas*.

A Fluidoterapia consiste, assim, na utilização dos fluidos (magnéticos e espirituais) como instrumento terapêutico no auxílio dos que padecem sob o guante dos mais diversos males.

Em *O Livro dos Médiuns*, o codificador estuda o fenômeno que chama *mediunidade de cura*, a que se refere como sendo o[152]:

---

[152] KARDEC, Allan *in O Livro dos Médiuns*. Tradução de J. Herculano Pires. Cap. XIV, item 175. Editora EME: Capivari-SP.

*A cura da depressão*

*(...) Dom de curar por simples toques, pelo olhar ou mesmo por um gesto, sem nenhuma medicação.*

Quanto aos médiuns curadores, define-os como sendo[153]:

*Os que têm o poder de curar ou de aliviar os males pela imposição das mãos ou pela prece.*

A mediunidade de cura, com todas as suas possibilidades, é utilizada no centro espírita para dar conforto, refrigério e trégua ao martírio e às dores dos aflitos e sofredores no mundo, muitas vezes sem solução aparente e sem perspectiva terapêutica para os seus males.

Isenta de contraindicação absoluta, ela é amplamente utilizada com resultados positivos, constituindo-se recurso dos mais usados em nosso meio.

Apresenta ações diretas e específicas sobre a mente e o perispírito a se estender, com frequência, no alívio das enfermidades orgânicas, haja vista as profundas relações do corpo somático com a organização perispiritual.

Os pacientes depressivos beneficiam-se sobremaneira com a fluidoterapia, que lhes restabelece e equilibra as energias, estimula as funções psíquicas e favorece-lhes o controle de sintomas, como os distúrbios do sono e do apetite, a tristeza e a indisposição, além da vasta e inespecífica sintomatologia somática.

Essa modalidade de tratamento espírita tem ação paliativa, promove o equilíbrio e frequentemente a

---

[153] Idem, ibidem. Cap. XVI, item 189.

descontinuação dos sintomas, permitindo ao paciente o gerenciamento de sua cura, a partir das reflexões e traduções da mensagem evangélica em sua vida.

## 3.4 – (Psico)terapia desobsessiva

Os núcleos espíritas desenvolvem a organização de grupos de trabalhadores compromissados com a mediunidade, para o trabalho de intercâmbio com o mundo invisível, o qual é orientado no sentir de oferecer amparo e esclarecimento espirituais e evangélicos aos seres estacionados nos dramas pungentes e trágicos das relações obsessivas: obsedados e obsessores.

Essa atividade sistemática ou ocasional destinada ao auxílio e tratamento dos enfermos espirituais, ainda aprisionados em suas relações, sob a regência do ódio, da mágoa e do ressentimento, promovendo agressões que se perpetuam e se tornam crônicas, recebe o nome de *desobsessão*.

O trabalho desobsessivo é coordenado e desenvolvido mais profundamente pelos bons Espíritos e pela Espiritualidade Superior, que se desdobram no acompanhamento dos casos e no socorro aos enfermos espirituais e obreiros do plano físico.

No binômio obsedado/obsessor, de calamitosas consequências, não há quem se isente das dores e aflições, posto que ambos são enfermos a exercerem papéis permutáveis de dominado e de dominador, de verdugo e de vítima, no tempo e no espaço, bem como em sintonia com o referencial do observador. Daí a imperiosa necessidade de considerá-los e tratá-los como pacientes.

Essa modalidade terapêutica espírita consiste no

A cura da depressão

diálogo entre os Espíritos e um membro do grupo dos encarnados, conhecido como doutrinador ou esclarecedor, por meio da intervenção mediúnica a interpretar-lhe os pensamentos e sentimentos. Aquele, imbuído do desejo sincero de colaborar com o enfermo espiritual, ouve-lhe atentamente as queixas, buscando compreender-lhe as razões, respeitando-lhe as dores e limitações, mas acenando-lhe com as realidades maiores dos nossos destinos na Terra, esclarecendo-lhe e iluminando-lhe com a luz do Evangelho e dos princípios espíritas.

Os esclarecedores conduzem os pacientes à reflexão e à busca do autoconhecimento, sob a inspiração dos bons Espíritos, estimulando-lhes a razão e o sentimento, com o objetivo de facilitar-lhes a libertação das cidadelas do ódio e a renúncia aos seus propósitos de vingança.

Atingida a meta, os que padecem sob o jugo obsessivo são aliviados das pressões e sobrecargas psicobiofísicas sofridas, recuperando a saúde e o equilíbrio.

Tenho acompanhado pacientes com depressão, em tratamento espiritual, com ótimos resultados, assim como o acompanhamento desses casos, em nível de trabalho desobsessivo, observando-lhes o curso da sua problemática.

Nas depressões primariamente anímicas, existe ainda a possibilidade de manifestações mediúnicas do próprio doente encarnado, enquanto Espírito, tratado e conduzido nessa sua condição[154], visando demovê-lo dos processos

---

[154] Vale ressaltar que, nessas circunstâncias, o paciente não participa da reunião de desobsessão, como ser encarnado, mas desdobrado; em Espírito, deixa o seu corpo material dormindo em sua residência, sendo conduzido pelos Bons Espíritos para a comunicação no centro espírita.

192 Depressão - doença da alma

de auto-obsessão[155].

# 4. Espiritismo e prevenção

## 4.1 – Ciência, religiosidade e depressão

Estudos científicos de análise da relevância das vivências religiosas (fé, participação de grupos religiosos e a prática da prece) têm mostrado uma relação positiva desses grupos estudados em relação a outras amostragens quanto à incidência de doença e sintomas depressivos.

O Dr. Harold Koenig[156] assinala, em seu livro *Espiritualidade no cuidado com o paciente*[157]:

*Pacientes que confiam na religião são menos propensos a desenvolver depressão e, até se ficarem deprimidos, recuperam-se mais facilmente do que os pacientes menos religiosos.*

*Muitos outros estudos em populações variadas identificaram correlações inversas entre religiosidade e depressão. Mais de cem estudos examinaram essa relação, durante o século*

---

[155] Situação em que o próprio enfermo se mantém estacionado em seus desmandos, viciações morais e dificuldades do passado reencarnatório, de sua antiga personalidade, aprisionando-se àqueles comportamentos e vivências. No tocante à depressão, são incluídas no grupo das depressões primariamente anímicas.

[156] Professor de psiquiatria e de medicina na Faculdade de Medicina da Universidade de Duke, na Carolina do Norte, Estados Unidos. Pesquisador da área que relaciona saúde e fé, nos últimos vinte e cinco anos, é autor de vários livros.

[157] KOENIG, Harold G. – *Espiritualidade no cuidado com o paciente*. Pg. 21. FE Ed. Jornalística: São Paulo:SP

*A cura da depressão* 193

*XX, incluindo 22 estudos de acompanhamento e oito testes clínicos.* **Aproximadamente dois terços (65%) de estudos observacionais encontraram baixas taxas de transtorno depressivo ou menos sintomas depressivos naqueles mais religiosos e 68% dos estudos mostraram que, quanto maior a religiosidade, menor a depressão.** (Grifos meus.)

Já os Drs. Benjamin R. Doolittle e Michael Farrell[158], em artigo publicado no *Prim Care Companion J Clin Psychiatry (2004;6: 114-118)*, intitulado *The Association Between Spirituality and Depression in an Urban Clinic*, observam:

*Um sistema de crença pessoal – em particular a crença em uma força maior e na importância da prece – está associado a uma existência sem depressão.*

Por sua vez, a Dra. Márcia Gonçalves[159], em seu livro *Religiosidade e depressão (Perspectivas da psiquiatria transcultural[160])*, relata estudo que fez, relacionando depressão, religiosidade e pacientes submetidas a mastectomia[161] por câncer de mama, em que conclui:

*O nosso trabalho sugere que aparentemente a religiosidade atuou como fator de proteção das pacientes contra os transtornos depressivos.*

---

[158] Médicos do Departamento de Medicina Interna, da Escola de Medicina da Universidade de Yale, nos Estados Unidos.

[159] Médica, psicanalista, doutora em saúde mental e coordenadora de psiquiatria da Faculdade de Medicina da Universidade de Taubaté (SP).

[160] GONÇALVES, Márcia. – *Religiosidade e depressão (Perspectivas da psiquiatria transcultural)*. Vetor: São Paulo-SP.

[161] Retirada cirúrgica da mama.

## 4.2 – Espiritismo e depressão

A Doutrina Espírita é o Consolador da promessa do Cristo para preparar a Humanidade terrena para as modificações iminentes a se operarem no planeta, em face do progresso espiritual e das melhores condições de vida vindoura.

Surge determinada a extinguir de vez com as ideias materialistas, pela demonstração científica da existência do Espírito como ser pensante, preexistente e sobrevivente, e pela elucidação racional dos objetivos exclusivamente evolucionais de sua incursão na vida material.

Também se destina a estimular o desenvolvimento dos potenciais anímicos da Humanidade, na proposta crística, mais amadurecida, do amor e do conhecimento, como potentes alavancas a serem utilizadas com esta finalidade, agindo, de outro modo, como suporte e consolo ao esforço e às dores resultantes desse processo de crescimento, em que o homem terreno necessita quitar-se com o seu passado delituoso, enfrentar as provas que lhe cabem nesses momentos decisivos e de transição e adequar-se às novas exigências do *status* a que se candidata dentro da escala de posições e encadeamentos no elo que o liga às demais humanidades, em solidária relação.

O conhecimento espírita tem ainda por escopo esclarecer consciências, consolidar conceitos espirituais, modificar paradigmas e reformar a escala de valores vigente em nossas relações na vida contemporânea.

Então, a disseminação dos princípios espíritas e a sua generalização serão a base para uma sociedade humana mais solidária, mais fraterna, com níveis alargados de espiritualidade e, consequentemente, mais sadia (ou, no

A cura da depressão 195

mínimo, menos enferma!).

Como mecanismo de prevenção da grave epidemia depressiva que assola o nosso orbe, o Espiritismo reveste-se de grande significância, atuando nos fatores psicossociais da doença, a curto e médio prazo, quanto nos biológicos e hereditários, a médio e longo prazo.

O ensino espírita facilita ao Espírito, enquanto ser encarnado, perceber o mundo sob outra ótica; encarar a vida e seus percalços sob outro ângulo, um melhor relacionamento com familiares, amigos e desconhecidos, como também um comportamento mais tolerante e caridoso para com todos e para consigo mesmo. E tudo isso sem perder a identidade e a noção da necessidade de esforço próprio e de trabalho contínuo, como elementos imprescindíveis ao próprio progresso e ao progresso de toda a Humanidade.

Favorece, de outra forma, a reflexão sobre a boa luta, no sentido de ver os seus direitos assegurados e a certeza da relevância do cumprimento dos seus deveres.

O dia a dia vivido e enfrentado em sintonia com os postulados espíritas, bem compreendidos e assimilados, não apenas resulta na manutenção da saúde espiritual, psicológica e social, mas também no estabelecimento do equilíbrio orgânico.

Por tudo isso, o Espiritismo constitui relevante medida preventiva para as mais variadas doenças, inclusive para os transtornos afetivos, ora neutralizando-lhe as outras causas, ora minimizando-lhes o prognóstico, a intensidade e a duração das crises.

Cabe-nos a todos os que conhecemos e professamos a Doutrina Espírita a responsabilidade de divulgá-la e de disseminar-lhe os ensinamentos e princípios, posto que,

196 Depressão - doença da alma

além de sua ação objetiva no tratamento da depressão já instalada, é destacável a sua ação profilática.

Quando a Humanidade conhecer e vivenciar o Espiritismo, mais estará capacitada a enfrentar os problemas comuns a um mundo inferior como a Terra, ressentindo-se menos com isso e, por consequência, com muito menos repercussões sobre a saúde.

# Capítulo VIII

## Depressão, doença da alma

# VIII – Depressão, doença da alma

O homem terreno é a expressão física da saga do Espírito em sua trajetória espiralada rumo à perfeição, amparado e impelido pela Vontade Divina, sob o influxo da Lei Natural, em treinamento de aprendizagem na dialética do cotidiano.

O Espírito encerra em si mesmo a grave missão de se fazer voar ao encontro da Eternidade, em exercício involuntário de aterrissagens e decolagens do mundo das formas a estimular-lhe a potencialidade volante.

Em sua trajetória, constrói e desenvolve, em ciclos ascendentes, as asas verdadeiras do conhecimento e do amor com que se arremessará definitivamente ao infinito de felicidade.

Mas, muitas vezes, na ilusão simplista de poder, desperto na carne, mimetiza Ícaro, em seu sonho inconsciente de futuro, tombando ao calor das provas, sob o sol das paixões que lhe derretem as asas ainda protéticas, em dores acerbas que, no entanto, tornam-se proveitosas na correção de rumos, na edificação da prudência e na regulação do discernimento.

Enquanto caminha, a seu bel talante, prova dos frutos de seu comportamento, a fim de poder estimar-lhe o valor, em processo de autoavaliação. É assim que atua direta e objetivamente nos mecanismos naturais do progresso e do amadurecimento anímico.

Quanto mais aguça a inteligência, a razão e, por consequência, a faculdade discernente, mais se lhe ampliam a percepção e a sensibilidade, sofrendo ou gozando mais intensamente os resultados de seu proceder. O momento evolutivo vivenciado nesse nosso planeta em transição de patamar evolutivo encontra-nos nessa condição de acentuada sensibilidade, estimulando-nos ao reforço dos comportamentos positivos, mas acentuando-nos o mal--estar, a dor e o sofrimento resultantes da negligência, da omissão e da manutenção de hábitos nocivos, tão em moda no presente.

Em tudo isso repousa a razão dos sofrimentos e das misérias correntes no mundo, tanto em quantidade, quanto (e especialmente) em qualidade.

Os transtornos depressivos constituem uma das múltiplas formas de exteriorização desses males da alma, dos desequilíbrios profundos do Espírito, das chagas anímicas que minam a saúde do homem contemporâneo.

Afogado pelas vagas do oceano de materialismo a que se atira na busca de gozos e delícias mundanos; anestesiado pela ilusão de poder e domínio sobre os outros de que se acha merecedor privilegiado; e isolado pelo sentimento de superioridade, pela ambição do ter

*Depressão, doença da alma* 203

sem limites em detrimento do próximo e pelo medo da violência que mantém, entre desdenhoso e inconsciente, com o combustível do egoísmo, sofre o homem dos nossos tempos de perturbador distúrbio do amor, do afeto e dos sentimentos mais nobres.

A dificuldade de amar, no entanto, não se deve atribuir simplesmente a um estado de primariedade evolutiva, mas a um apego atávico e egoísta ao instrumental biológico que lhe tem servido para estímulo dos sentimentos, por meio das sensações. Além disso, há que se levar em consideração uma tendência misoneísta do ser humano (medo às mudanças), em comodismo de pseudossegurança.

A depressão deve ser assim entendida como enfermidade com bases assentadas na alma, sinalizando o decisivo momento existencial do nosso mundo e a necessidade de implementação das medidas urgentes e imprescindíveis orientadoras da transformação moral da Humanidade, de sua conscientização cabal, em bases racionais e objetivas, da própria imortalidade, bem como dos fortes e inalienáveis elos de fraternidade que nos unem a tudo e a todos.

O amor, a serenidade, a fraternidade e um olhar espiritual sobre a vida terrena, se autenticamente experimentados, são os mais eficazes antídotos e preventivos do mal da tristeza e do desprazer crônicos que tanto tem afligido a Humanidade.

# Bibliografia

BALLONE, Geraldo José & PEREIRA NETO, Eurico & ORTOLANI, Ida Vani. Da emoção à lesão – um guia de medicina psicossomática. Barueri-SP, Editora Manole.
BRAGHIROLLI, Elaine Maria & BISI, Guy Paulo & RIZZON, Luiz Antônio & NICOLETTO, Ugo. Psicologia geral. Petrópolis-RJ, Editora Vozes.
CAJAZEIRAS, Francisco. Existe vida... depois do casamento? Capivari-SP, Editora EME.
_____. O valor terapêutico do perdão. Capivari-SP, Editora EME.
COUTINHO, Evandro da S. Freire. 'Fatores de risco para morbidade psiquiátrica menor: resultado de um estudo transversal em três áreas urbanas do Brasil'. Revista de Psiquiatria Clínica. São Paulo-SP,

Departamento e Instituto de Psiquiatria da FMUSP, n. 5, vol. 26, set.-out. 1999.

DALGALARRONDO, Paulo. Psicopatologia e semiologia dos transtornos mentais. Porto Alegre-RS, Editora Artes Médicas Sul.

FERGUSSON, David M. & HORWOOD, L. John & RIDDER, Elizabeth M. 'Abortion in Young Women and Subsequent Mental Health'. The Journal of Child Psychology and Psychiatry. Londres-Inglaterra, Association for Child and Adolescent Mental Health, vol. 47, ed. 1, pg. 16, jan. 2006.

FERREIRA, Inácio. Novos rumos à medicina. Vols. 1 e 2. São Paulo-SP, Edições FEESP.

FRANCO, Divaldo Pereira. Manoel Philomeno de Miranda (espírito). Nas fronteiras da loucura. Salvador-BA, LEAL.

FRIZZO, Giana Bitencourt & PICCININI, César Augusto. 'Interação mãe-bebê em contexto de depressão materna: aspectos teóricos e empíricos'. Psicologia em Estudo. Maringá-PR, Departamento de Psicologia da Universidade Estadual de Maringá, vol. 10, n. 1, jan.-abr. 2005.

GOLEMAN, Daniel. Inteligência emocional. Trad. Marcos Santarrita. Rio de Janeiro-RJ, Objetiva.

GONÇALVES, Márcia. Religiosidade e depressão (perspectivas da psiquiatria transcultural). São Paulo-SP, Vetor.

KARDEC, Allan. A Gênese. Trad. Salvador Gentile. Araras-SP, IDE Editora.

_____. O Evangelho segundo o Espiritismo. Trad. J. Herculano Pires. Capivari-SP, Editora EME.

_____. O Livro dos Espíritos. Trad. J. Herculano Pires. Capivari-SP, Editora EME.

206 Depressão - doença da alma

_____. O Livro dos Médiuns. Trad. J. Herculano Pires. Capivari-SP, Editora EME.

_____. Revista Espírita – Jornal de Estudos Psicológicos. Vols. 1862, 1863 e 1866. Trad. Júlio Abreu Filho. Sobradinho-DF, Edicel.

KOENIG, Harold G. Espiritualidade no cuidado com o paciente. Trad. Giovana Campos. São Paulo-SP, Folha Espírita Editora.

KÜBLER-ROSS, Elisabeth. Sobre a morte e o morrer. Trad. Paulo Menezes. São Paulo-SP, Martins Fontes.

LICINIO, Julio & WONG, Ma-Li et al. Biologia da depressão. Trad. Ronaldo Cataldo Costa. São Paulo-SP, Artmed Editora.

MENEZES, Bezerra de. A loucura sob novo prisma. São Paulo-SP, Edições FEESP.

PAULO, Jaider Rodrigues de & MOREIRA, Osvaldo Hely & SOUZA, Roberto Lúcio Vieira de. Depressão – abordagem médico-espírita. São Paulo-SP, Associação Médico-Espírita do Brasil.

PIRES, J. Herculano. Vampirismo. São Paulo-SP, Editora Paideia.

RAMIRES, Vera Regina Röhnelt. 'As transições familiares: a perspectiva de crianças e pré-adolescentes'. Psicologia em Estudo. Maringá-PR, Departamento de Psicologia da Universidade Estadual de Maringá, vol. 9, n. 2, mai.-ago. 2005.

RESTAK, Richard. Seu cérebro nunca envelhece. Trad. Dinah de Abreu Azevedo. São Paulo-SP, Editora Gente.

SANTOS, Jorge Andréa dos. Ressonância espiritual na rede física. Nova Friburgo-RJ, Gayathri Editorial.

_____. Visão espírita nas distonias mentais. Rio de Janeiro-RJ, FEB Editora.

SCORZA, Fulvio Alexandre. 'Neurogênese e depressão: etiologia ou nova visão?' Revista Brasileira de Psiquiatria. São Paulo-SP, Associação Brasileira de Psiquiatria, vol. 27, n. 3, set. 2005.

SECH, Alexandre. 'Ensaio sobre obsessão espírita em face de outras patologias mentais'. Boletim. São Paulo-SP, Associação Médico-Espírita de São Paulo, vol. 2, n. 2, pg. 198, dez. 1984.

SHELDRAKE, Rupert. A New Science of Life (The Hypothesis of Morphic Resonance). Rochester-EUA, Park Street Press.

TENG, Chei Tung et al. 'Depressão e comorbidades clínicas'. Revista de Psiquiatria Clínica. São Paulo-SP, Departamento e Instituto de Psiquiatria da FMUSP, n. 3, vol. 32, mai.-jun. 1999.

WORLD HEALTH ORGANIZATION. 'Neuroscience of Psychoactive Substance Use and Dependence'. WHO Library Cataloguing-in-Publication Data. Genebra-Suíça, World Health Organization, pg. 181, 2004.

XAVIER, Francisco Cândido. Emmanuel (espírito). Vida e sexo. Cap. 1. Rio de Janeiro-RJ, FEB Editora.

XAVIER, Francisco Cândido. André Luiz (espírito). Ação e reação. Rio de Janeiro-RJ, FEB Editora.

# CONHEÇA TAMBÉM

### Getúlio Vargas em dois mundos
Wanda A. Canutti • Eça de Queirós (espírito)
Romance mediúnico • 16x22,5 cm • 344 pp.

Getúlio Vargas realmente suicidou-se? Como foi sua recepção no mundo espiritual? Qual o conteúdo da nova carta à nação, escrita após sua desencarnação? Saiba as respostas para estas e outras perguntas, agora em uma nova edição, com nova capa, novo formato e novo projeto gráfico.

### A vingança do judeu
Vera Kryzhanovskaia • J. W. Rochester (espírito)
Romance mediúnico • 16x22,5 cm • 424 pp.

O clássico romance de Rochester agora pela EME, com nova tradução, retrata em cativante história de amor e ódio, os terríveis fatos causados pelos preconceitos de raça, classe social e fortuna e mostra ao leitor a influência benéfica exercida pelo espiritismo sobre a sociedade.

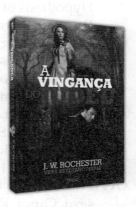

### O Evangelho de Maria Madalena
José Lázaro Boberg
Estudo • 14x21 cm • 256 pp.

Neste livro, José Lázaro Boberg busca reconstruir a verdade sobre Maria Madalena, uma das personagens femininas mais fortes da literatura antiga e que está presente nas reflexões espíritas. O que dizem os outros evangelhos? Ela foi esposa de Jesus? Foi prostituta? Foi a verdadeira fundadora do cristianismo?

---

Não encontrando os livros da **EME** na livraria de sua preferência,
solicite o endereço de nosso distribuidor mais próximo de você através de
Fones: (19) 3491-7000 | 3491-5449
(claro) 9 9317-2800 | (vivo) 9 9983-2575
E-mail: vendas@editoraeme.com.br | www.editoraeme.com.br